LES LEÇONS DE L'AMÉRIQUE

Rama Yade

LES LEÇONS DE L'AMÉRIQUE

Nation et puissance

L'Harmattan

De la même auteure

Noirs de France, Calmann-Levy, 2007

Les droits de l'homme expliqués aux enfants de 7 à 77 ans, Seuil, 2008

Lettre à la jeunesse, Grasset, 2010

Plaidoyer pour une instruction publique, Grasset, 2011

Carnets de pouvoir 2006-2013, Éditions du Moment, 2013

Anthologie regrettable du machisme en politique, Éditions du Moment, 2015

À l'instant de basculer, Éditions du Net, 2016

5-7, rue de l'Ecole-Polytechnique, 75005 Paris
http://www.editions-harmattan.fr
ISBN : 978-2-336-49069-4
EAN : 9782336490694

Chaque génération, sans doute, se croit vouée à refaire le monde. La mienne sait pourtant qu'elle ne le refera pas. Mais sa tâche est peut-être plus grande. Elle consiste à empêcher que le monde ne se défasse.

Albert Camus,
Discours de réception du prix Nobel de littérature,
Stockholm, 10 décembre 1957.

Sommaire

Introduction

Les États-Unis sont une expérience que les Français ont toujours observée de loin et de très près. Un objet de fascination et de méfiance.

D'un côté, on ne compte plus les fois où, reçus à la Maison Banche, leurs présidents se sont enorgueillis de l'honneur qui leur était fait, ne manquant jamais de se rendre en Louisiane pour souligner la contribution des Français à l'histoire américaine. Les meilleurs diplomates et journalistes y terminent leur carrière. Le *Tonight Show* de Jimmy Fallon est une reconnaissance pour les artistes français. Bien que marquée par les conséquences de la pandémie récente, New York reste la destination touristique préférée des Français. Le pays de la gastronomie et de la culture a parfaitement intégré la culture de masse, au point d'avoir affublé une génération entière de prénoms américains (les Steven, Brandon, Jordan, Ryan, Kevin...).

Mais, immanquablement, les élites françaises n'en finissent plus de prévenir que « La France n'est pas l'Amérique ». Peut-être à cause de Tocqueville et de son retentissant *De la démocratie en Amérique* qui a laissé croire que les Français étaient individualistes et donc étatistes, par opposition aux Américains, communautaristes, puritains et libéraux, sans parler de leur attachement aux armes, de leurs guerres culturelles, de leur unilatéralisme guerrier.

La sévérité de ce jugement tranche toutefois avec la place particulière que les Américains accordent à la France. Car beaucoup d'Américains adorent la France. Il faut voir la fierté avec laquelle ils s'essaient à la langue française, la fidélité de certaines familles américaines, et pas seulement les plus aisées, aux lycées français. Au-delà des immanquables clichés (il faut entendre résonner Piaf dans les allées du marché français de Georgetown où les bérets côtoient les baguettes de pain), il y a chez les Américains un attachement à cette vieille alliance régulièrement célébrée à travers les figures de Lafayette, de Rochambeau, et de tous ces Français venus soutenir les États-Unis engagés dans la guerre d'indépendance, Pierre l'Enfant qui a bâti la ville-capitale, si française dans son architecture, et bien sûr Chateaubriand, Clemenceau à qui Poincaré reprochait son anglophilie, sous prétexte que le Tigre avait passé ses jeunes années de journaliste dans les États-Unis naissants.

Alors certes, les prétentions françaises peuvent agacer, à l'instar de l'opposition de Dominique de Villepin à la guerre en Irak à la tribune des Nations unies en 2003. Cette ambivalence est telle qu'on ne sait plus si les origines françaises du président Joseph R. Biden, rappelées par son deuxième nom, « Robinette », seraient un atout ou une faiblesse politique.

Depuis, l'invasion russe de l'Ukraine a resserré les rangs. Le retour en force de l'OTAN en Europe a brutalement rappelé à quel point les États-Unis sont indispensables à la défense européenne. Plus largement, la reconfiguration de l'ordre mondial, avec l'émergence de nouvelles puissances globales et régionales, de la Chine à l'Arabie saoudite, menace l'Europe de déclassement, avec en son cœur une France plus incertaine, sous la double pression des nationalistes à l'intérieur et du rejet des opinions africaines à l'extérieur.

Dans un tel contexte, la politique étrangère américaine a peu à peu changé de nature. Alors que la doctrine Bush était fondée sur une stratégie préventive illustrée par la guerre en Irak en 2003, la politique d'Obama était apparue plus en retrait, selon le principe du *Leading from behind* (« diriger par-derrière »), illustré par la guerre en Libye de 2011 où les États-Unis se sont abrités derrière la France et la Grande-Bretagne. Donald Trump, lui, a fait basculer le pays dans une approche nationaliste et isolationniste, *America First* (« l'Amérique d'abord »).

La doctrine Biden de défense et de sécurité n'est ni préventive, ni isolationniste, ni discrète. Combinaison assumée de considérations extérieures (la nécessité de contenir la concurrence chinoise) et domestiques (l'urgence de répondre à la désindustrialisation qui touche la classe moyenne américaine), elle a été définie par Jake Sullivan, conseiller à la sécurité nationale, comme la « politique étrangère pour la classe moyenne[1] ». Plus interventionniste que jamais, la stratégie économique extérieure sous Biden n'est pas si différente de celle de Trump.

Faut-il que les temps soient incertains pour que le sauvetage de la classe moyenne américaine soit élevé au rang de la sécurité nationale ! Il est vrai que c'est celle-là même qui a nourri les bataillons du trumpisme et continue de maintenir les États-Unis au bord du gouffre démocratique. « La Constitution sert à maintenir l'unité des États-Unis[2] », disait l'ancien juge de la Cour suprême, Stephen Breyer. Pour la première fois depuis 1789, ce n'est plus le cas. L'attaque du 6 janvier 2021 était finalement loin d'être ponctuelle. Des années après, à la veille de l'élection présidentielle de novembre 2024,

[1] « Remarques par le conseiller à la sécurité nationale, Jake Sullivan, sur le renouvellement de la primauté économique américaine devant la Brookings », *La Maison-Blanche*, 27 avril 2023.

[2] « La Constitution sert à maintenir l'unité des États-Unis », Adrien Jaulmes, *Le Figaro*, 17 juillet 2022.

l'Amérique n'a pas réussi à se protéger du trumpisme. La démocratie, porte-drapeau de la domination américaine pendant la guerre froide, est devenue un terrain d'affrontements : elle ne fait plus consensus à l'intérieur des frontières. On est même en droit de se demander si le combat en vaut la peine, à voir comment la candidate démocrate à l'élection présidentielle, Kamala Harris, a décidé de n'en plus faire un thème de campagne, lui préférant le concept de « liberté ». Le Congrès est sous la menace du contrôle d'une minorité. Une majorité d'États républicains ont rendu l'accès au vote plus difficile. Certains États clés (comme l'Arizona, la Floride, la Géorgie, le Nevada, l'Ohio, la Pennsylvanie, le Texas ou le Wisconsin) ont adopté des lois leur permettant d'interférer avec l'administration (non partisane) en charge des élections, voire de supplanter l'élection populaire et de certifier le vainqueur de leur choix. La Cour suprême est désormais ouvertement politisée et revient sur les progrès les plus emblématiques de la civilisation américaine, notamment les droits des femmes. On y « brûle » aussi des livres, vus comme trop favorables aux minorités, tels ceux d'Anne Frank et de Toni Morrison.

Comme si toute la société obéissait à un mouvement permanent de « *checks and balances* », ce système institutionnel de freins et contrepoids, l'Amérique parvient cependant à secréter ses propres antidotes.

Face à l'offensive MAGA[3], c'est une démocratie tenace. Devant les épreuves de la guerre, une économie qui militarise jusqu'au dollar. Cinquante-quatre ans après avoir envoyé le premier homme sur la Lune, c'est une terre d'innovation qui continue de repousser les limites de l'univers. Les cinq entreprises les plus puissantes du monde de l'Internet, toutes américaines, ont révolutionné les rapports humains, contrôlent

[3] Le sigle MAGA signifie *Make America Great Again*, le slogan de Donald Trump qui veut « rendre sa grandeur à l'Amérique ».

les données personnelles d'une grande partie de la planète. Historiquement, terre de ségrégation, elle ne craint pas les débats « wokistes ». Il y a derrière cette capacité à se réinventer la confiance absolue d'une nation qui n'est pas finie et qu'illustrent merveilleusement les mots d'une poétesse de 23 ans, dressée, ce 22 janvier 2021, devant le plus vieux président des États-Unis, dont c'est l'investiture sur les marches du Capitole :

Nous avons bravé le ventre de la bête.

Nous avons appris que la tranquillité n'est pas toujours la paix, et que les normes et notions de ce qui est juste ne sont pas toujours justice. Et pourtant, l'aube est nôtre avant que nous le sachions.

D'une certaine manière, nous le savons.

D'une certaine manière, nous avons surmonté et été témoins d'une nation qui n'est pas brisée, mais simplement inachevée.[4]

---

[4] Amanda Gorman, *The Hill We Climb*, Fayard, 2021.

I.

De la démocratie en Amérique, toujours

Mercredi 6 janvier 2021. Le Congrès doit certifier le résultat de l'élection présidentielle, remportée par le sénateur démocrate de 77 ans, Joe Biden, deux mois plus tôt, face à son rival, le sortant républicain, Donald Trump Jr. Par cette procédure, le Congrès doit s'assurer de la validité des votes par le collège électoral formé par les grands électeurs de chacun des États. Le 14 décembre déjà, là où il en fallait 270, 306 grands électeurs — contre 232 — ont élu Joe Biden 46e président des États-Unis. Il est aussi le seul candidat à avoir remporté l'élection avec plus de votes que tout autre candidat à la présidence dans l'histoire des États-Unis. Mais un groupe de républicains n'accepte pas le résultat et veut en découdre.

« Le 6 janvier. Soyez-y ! Ce sera dingue ! »

Alors que, dès le mardi 8 décembre 2020, tous les États américains avaient certifié et validé le résultat de l'élection présidentielle, Donald Trump a déjà engagé 30 recours en vain (et au final, le double !). Le 19 décembre, le président tweete : « Grande manifestation à Washington le 6 janvier. Soyez-y ! Ce sera dingue ! » Il est 1 h 42 du matin.

Jour de certification

Arrive le jour de certification du résultat de l'élection présidentielle par le Congrès. À Washington, la tension est à son comble. La capitale américaine est en état de siège.

Des milliers de partisans de Donald Trump ont prévu de manifester leur mécontentement, en attendant la prise de parole du président à 11 heures. Ils sont convaincus que l'élection leur a été volée. Ce n'est pas la première fois que les partisans de Trump manifestent dans la capitale américaine. Lundi, c'était Enrique Tarrio, le chef des Proud Boys, un groupuscule de suprémacistes d'extrême droite, qui avait été arrêté et expulsé de Washington. On apprendra, un an plus tard, en mars 2021, à l'occasion de la diffusion d'un enregistrement devant la commission d'enquête sur ces jours fatidiques, que Tarrio ne quitte pas tout de suite Washington. De manière parfaitement illégale, il rencontre, la veille de l'insurrection, le 5 janvier, dans un parking souterrain de la capitale, le chef de la milice des Oath Keepers, Elmer Stewart Rhodes III, qui lui-même faisait face à des accusations encore plus graves de conspiration séditieuse, pour discuter des moyens de bloquer le processus de certification à l'intérieur du Capitole.

On s'attend au pire. La tension est telle que la maire Muriel Bowser demande aux habitants de ne pas sortir. La garde nationale se déploie dans la ville. Dans son podcast, Steve Bannon, le stratège de Donald Trump, avance : « Tout l'enfer va se déchaîner demain[5]. »

C'est à partir de 13 heures que le Congrès, qui réunit en session le Sénat et la Chambre des représentants, doit procéder à l'enregistrement des résultats de la présidentielle. Ensuite, le président du Sénat, qui est aussi le vice-président

---

[5] « Et Bannon prédit "Tout l'enfer va se déchaîner demain" après un appel le 5 janvier avec Trump », Harper Neidig, *The Hill*, 12 juillet 2022.

en exercice, Mike Pence, proclame les résultats officiels et le nom du nouveau président. Simple formalité.

C'était sans compter onze sénateurs républicains, amenés d'abord par Josh Hawley, élu du Missouri, puis Ted Cruz, du Texas. Persistant dans les allégations de fraude, ils avaient annoncé leur refus de certifier l'élection dans un communiqué publié le 2 janvier. « On ne peut pas laisser faire ça ! » embraye Donald Trump sur Twitter. Mais ces élus ne sont majoritaires ni au Sénat ni à la Chambre des représentants : ce baroud d'honneur sert surtout à flatter la base trumpiste. Ils trouvent en Mike Pence la cible de leurs attaques : alors que son rôle est purement formel — dévoiler les certificats qui remontent des États et proclamer la victoire de Biden —, il se retrouve entre le marteau de sa fidélité au président et l'enclume de son obligation constitutionnelle.

Le jour J, dès 7 heures du matin, dans un froid glacial, les militants trumpistes déferlent sur Washington. Ils sont des dizaines de milliers, reconnaissables à leurs casquettes rouges « MAGA ». Les boutiques se sont barricadées. Direction la Maison-Blanche pour écouter le milliardaire. À 11 h 57, dans le parc de l'Ellipse, le voici qui grimpe à la tribune : *« Nous n'abandonnerons jamais. Nous ne concéderons jamais. » « Nous ne reprendrons jamais notre pays en étant faibles. [...] Vous devez être forts. »* Devant une foule électrisée, il en appelle à Pence et conclut en enjoignant à la foule : *« Nous marchons vers le Capitole. »*

Il est 13 h 10.

«Je suis le putain de président, amenez-moi au Capitole tout de suite !»

La suite, c'est Cassidy Hutchinson qui la raconte, 18 mois plus tard, devant les 9 membres de la commission d'enquête parlementaire qui examine les agissements de Trump ce jour-là. Elle a déjà auditionné plus de 1 000 témoins, dont deux enfants du milliardaire, et analysé 140 000 documents lorsque la chef de cabinet adjointe de l'ancien président fait des révélations, ce mardi 28 juin 2022. Alors qu'il est ramené en voiture après son discours, le président insiste pour se rendre au Capitole. Ses officiers de sécurité veulent l'en empêcher. *« Je suis le putain de président, amenez-moi au Capitole tout de suite. »* Donald Trump agrippe le policier du Secret Service au volant de la voiture présidentielle : *« Monsieur, vous devez retirer votre main du volant, nous rentrons à la Maison-Blanche »*, lui répond-il. Trump sait que la foule est armée, son équipe l'ayant informé le matin même que les manifestants ont des couteaux, des armes à feu, des fusils. *« Je n'en ai rien à foutre qu'ils soient armés. Ils ne sont pas là pour me faire du mal »*, hurle-t-il. D'après Hutchinson, il connaissait également le projet d'invasion du Capitole : *« Cela pourrait devenir vraiment très grave le 6 janvier »*, lui avait confié le chef de cabinet Mark Meadows.

13 h 15. Depuis cinq minutes, au Congrès, la certification a commencé. Les élus républicains sécessionnistes ne se laissent pas intimider par la lettre de Mike Pence qui dit vouloir se conformer à la Constitution. À 14 h 11, certains manifestants forcent les barrages aux alentours du Congrès et pénètrent dans le bâtiment. Le gaz lacrymogène ne les empêche pas non plus d'avancer. À 14 h 13, un membre de sa sécurité éloigne Pence du podium du Sénat, le bousculant par une porte latérale vers un étroit couloir. Des centaines d'hommes et de femmes en colère grouillent maintenant dans les couloirs du Capitole.

Après un intense corps à corps avec la police du Capitole en infériorité numérique, ils se rapprochent de l'hémicycle. Certains crient *« Pendez Mike Pence ! »* D'autres parviennent jusqu'au bureau de Nancy Pelosi, la présidente de la Chambre des représentants, où l'un d'eux pose les pieds sur la table.

À l'intérieur du Capitole

Le vice-président est caché dans la salle S-214, son bureau du Sénat. Vers 14 h 14, les services secrets ferment la porte en verre opaque derrière lui. Si les émeutiers étaient arrivés une demie- minute plus tôt, ils l'auraient aperçu.

Dix minutes plus tard, Trump, qui ne le lâche pas, tweete : « Mike Pence n'a pas eu le courage de faire ce qui aurait dû être fait pour protéger notre pays et notre Constitution. »

Une activiste conspirationniste, Ashli Babbitt, qui tente d'entrer dans l'hémicycle, est tuée par le lieutenant Byrd. À 14 h 26, les agents des services secrets exhortent de nouveau Pence à partir. Des adeptes du mouvement conspirationniste QAnon sont en effet présents en nombre parmi les émeutiers, avec leurs signes distinctifs arborant des slogans du mouvement. QAnon reprend les accusations proférées anonymement en ligne par « Q » qui affirme être un gradé du renseignement américain et qui présente Donald Trump en héros de la lutte secrète menée contre une cabale mondiale de pédophiles et de satanistes parmi lesquels Joe Biden.

La séance est suspendue. Devant la commission d'enquête parlementaire, Harry Dunn, membre de la police du Capitole, raconte sa rencontre avec un groupe de supporters de Trump dans les couloirs. Ils viennent de découvrir qu'il a voté pour Biden : *« Une femme arborant un T-shirt rose "MAGA" se met à hurler "Vous entendez ça, les gars, ce Nègre a voté Biden !" Alors, la foule, peut-être 20 personnes, se met à crier "Boo ! Enculez le Nègre !" »* « Le cœur lourd », des équipes NBA[6], comme celles de Boston et Miami, ou encore les joueurs des Bucks et des Pistons à Milwaukee, mettent le genou à terre pendant l'hymne national.

[6] En anglais, NBA désigne « National Basketball Association », la prestigieuse ligue de basketball américaine.

Malgré les appels pressants à calmer ses partisans, le milliardaire ne leur demandera de rentrer chez eux qu'à 16 h 17, dans une vidéo publiée sur son compte Twitter : *« Cette élection nous a été volée »*, réitère le président. *« Mais il faut rentrer à la maison maintenant ». « Rentrez, on vous aime, vous êtes uniques ».*

Twitter ferme son compte. Les anciens présidents donnent solennellement de la voix : Barack Obama qualifie les événements de « moment de grand déshonneur et de honte pour notre nation », mais pas une « surprise » ; Bill Clinton dénonce un « assaut sans précédent » contre les institutions américaines. Pour George W. Bush, « les résultats d'élections ne sont ainsi contestés que dans les républiques bananières — pas dans notre république démocratique. »

Ce n'est qu'à 20 heures, après quatre heures de saccage, que le Capitole est sous contrôle à la faveur d'un couvre-feu décrété par la maire de Washington. La séance reprend. Le vice-président Mike Pence : *« Même après une violence et un vandalisme sans précédent dans ce Capitole, les représentants élus du peuple des États-Unis sont à nouveau réunis, ce même jour, pour défendre la Constitution. »*

La plus grande démocratie du monde

« *Sans précédent* ? » Pas si vite...

Une démocratie chahutée

Des soldats britanniques, amenés par le vice-amiral Sir Alexander Cockburn et le major général Robert Ross, ont incendié le bâtiment en août 1814 durant la guerre anglo-américaine de 1812. Le Capitole a été sauvé de la destruction par la pluie.

Il faut aussi rappeler le récit qu'avait fait le jeune correspondant du *Temps* à Washington, Georges Clemenceau, d'un autre sérieux incident :

> « Des personnes inconnues ont acheté 163 livres de nitroglycérine et ont disparu de New York, M. Kermedy le chef de la police new-yorkaise s'est imaginé que quelque démocrate voulait faire sauter le Congrès. Il en a donné avis à M. Colfax qui a lu sa lettre à la Chambre des représentants. Le plaisant de l'affaire c'est qu'à cette nouvelle la plupart des représentants démocrates désireux d'éviter le sort funeste que se sont attiré les radicaux ont quitté la chambre en toute hâte.[7] »

Le 4 juillet 1915, c'est un enseignant à Harvard, Erich Muenter, qui fait exploser la salle de réception du Sénat pour protester contre les banques américaines qui ont aidé la Grande-Bretagne lors de la Première Guerre mondiale.

Le 1er mars 1954, la galerie des visiteurs de la Chambre des représentants est occupée par des nationalistes portoricains qui blessent même des membres du Congrès.

Le 7 novembre 1983, c'est un groupuscule qui fait exploser le deuxième étage du Sénat, protestant contre la politique américaine au Liban.

L'attaque de 2021 a ceci d'inédit qu'elle vient de la plus haute autorité du pays : POTUS[8]. Dans la foulée, Nancy Pelosi hâte la transition : « Nous avons assisté à une agression contre notre démocratie [...], mais cela ne doit pas nous détourner de notre responsabilité de valider l'élection de Joe Biden ».

« La plus grande démocratie du monde », « La plus vieille démocratie du monde » : les superlatifs n'ont jamais manqué

---

[7] Patrick Weil et Thomas Macé, *Georges Clemenceau, Lettres d'Amérique*, *Passés composés*, 2020.

[8] En anglais, POTUS désigne le « President of the United States » ; un raccourci souvent utilisé dans la presse américaine.

pour qualifier le système politique américain, notion-clé de l'hégémonie américaine sur le monde libre. « J'avoue que dans l'Amérique, j'ai vu plus que l'Amérique ; j'y ai cherché une image de la démocratie elle-même », affirme Alexis de Tocqueville d'entrée de jeu dans son *De la démocratie en Amérique*[9], alors que le jeune magistrat normand, accompagné de son ami Gustave de Beaumont, vient de débarquer aux États-Unis en avril 1831. *We, the people of the United States of America* (« Nous le peuple des États-Unis d'Amérique ») : la formule a même fait oublier que la plus grande démocratie est indienne avec ses 900 millions d'électeurs, que la Déclaration des droits (*Bill of Rights*) britannique de 1689 a été pionnière et que la plus vieille démocratie est... Athènes. En décentrant un peu le regard, c'est en Afrique qu'on trouve la première Déclaration des droits de l'homme, la charte du Mandé qui date de l'empire du Mali en 1236.

Démocratie ou République ?

L'Amérique elle-même, lorsqu'elle célèbre ses institutions, ce n'est pas le mot « démocratie » qui vient d'abord à l'esprit, mais celui de « République ». Il fallait voir comment, écoutant Kamala Harris, alors candidate à la vice-présidence en 2020, qualifier à plusieurs reprises les États-Unis de « démocratie » dans son débat face à Mike Pence, le sénateur républicain de l'Utah Mike Lee tweetait fébrilement, en direct : « Nous ne sommes pas une démocratie », comme si le mot avait quelque chose de désobligeant. Puis : « La démocratie n'est pas l'objectif ; la liberté, la paix et la prospérité le sont. Nous voulons que la condition humaine s'épanouisse. La démocratie réelle peut contrecarrer cela. » C'est un vieux débat.

---

[9] Alexis de Tocqueville, *De la démocratie en Amérique*, Gosselin, 1835-1840.

Entre Rome et Athènes, les États-Unis ont d'abord été Rome. Comment alors qualifier de démocratie un pays fondé sur l'esclavage et l'inégalité raciale ? Le 17 septembre 1787, alors qu'il quittait la Convention constitutionnelle de Philadelphie, on demanda à Benjamin Franklin si les délégués avaient produit une république ou une monarchie. Il aurait dit : *« Une république, si vous pouvez la garder. »*

Alors, quid de la démocratie ? L'Amérique en est une — en ce que le peuple détient le pouvoir politique ultime grâce aux élections régulièrement organisées — et essentiellement représentative[10] puisque les Américains élisent leurs représentants au Congrès pour exercer le pouvoir politique, comme à Rome. Mais la Constitution ne mentionne pas le mot. À dessein.

Il faut écouter les Pères fondateurs. Contre la démocratie.

Benjamin Rush : « L'un des plus grands maux » (1789).

James Madison : « Les démocraties ont toujours été des spectacles de turbulences et de querelles ; ont déjà été jugées incompatibles avec la sécurité personnelle ou les droits de propriété ; et ont, en général, été aussi courtes dans leur vie qu'elles ont été violentes dans leur mort » (1787).

John Adams : « Rappelez-vous, la démocratie ne dure jamais longtemps. Elle se gaspille, s'épuise et se tue bientôt. Il n'y a jamais eu de démocratie qui ne se soit pas suicidée » (1814).

John Marshall : « Entre une république équilibrée et une démocratie, la différence est comme celle entre l'ordre et le chaos » (1836).

---

[10] Le référendum, expression directe de la démocratie, existe dans certains États.

Pour la République.

Alexander Hamilton : « Nous sommes un gouvernement républicain ; la liberté réelle ne se trouve jamais dans le despotisme ou dans les extrêmes de la démocratie » (1787).

John Adams : « Tout bon gouvernement est et doit être républicain » (1790).

Fisher Ames : « Nos sages dans la grande convention constitutionnelle voulaient que notre gouvernement soit une république qui diffère plus largement d'une démocratie qu'une démocratie d'un despotisme. »

Alexis de Tocqueville avait, lui, bien perçu cette évolution en germe dans les fondations de l'Amérique moderne. Pour lui qui a analysé l'enfance du modèle politique américain, si la démocratie mène à l'égalité et à la liberté, grâce à la « passion du bien-être » et à « l'égalité des conditions », elle peut aussi conduire au despotisme. Il diagnostique :

> « Je pense donc que l'espèce d'oppression dont les peuples démocratiques sont menacés ne ressemblera à rien de ce qui l'a précédée dans le monde. [...] je vois une foule innombrable d'hommes semblables et égaux qui tournent sans repos sur eux-mêmes [...] Chacun d'eux, retiré à l'écart, est comme étranger à la destinée de tous les autres. [...] et s'il lui reste encore une famille on peut dire du moins qu'il n'a plus de patrie. »

Au terme de cette affaire du Capitole, pour la première fois, en novembre 2021, les États-Unis figurent dans la liste des « démocraties en recul » : le rapport IDEA[11] pointe le recul des « libertés civiques et des contrôles du Gouvernement » lié aux efforts soutenus pour entraver le droit de vote des minorités, la polarisation électorale qui électrise le débat

[11] Rapport 2021 de l'Institut international pour la démocratie et l'assistance électorale (IDEA).

public et « le déclin des enquêtes du Congrès sur l'action du président entre 2018 et 2020 ».

Un choc mondial

À l'étranger, la tentative de prise du Capitole est une onde de choc.

L'Organisation des Nations unies, qui a son siège à New York, se dit « profondément préoccupée » par les événements en cours : « Je crois que la paix et le respect des processus démocratiques prévaudront dans notre pays hôte en ce moment critique[12]. »

Les opinions des nations africaines, réputées pour leur instabilité institutionnelle, s'amusent, enjoignant aux Américains de ne plus leur faire la leçon, alors que les crises démocratiques se sont multipliées, comme en Guinée et en Côte d'Ivoire, voire des coups d'État, comme au Mali. « On a la preuve que le refus de quitter le pouvoir après une défaite électorale n'est pas l'apanage des seuls Africains » (Lucha, République démocratique du Congo). « Il est temps que l'Union africaine envoie des Casques bleus pour protéger les citoyens américains » (internaute rwandais[13]).

Le chef de la diplomatie européenne, Josep Borrell, dénonce un « assaut inédit contre la démocratie américaine », tandis que le président français, Emmanuel Macron, suffisamment conscient de la gravité de la situation pour s'exprimer à 3 h du matin (heure de Paris), pendant que les Français dorment, exhorte à « ne rien céder » face à « la violence de quelques-uns » :

> « Quand dans une des plus vieilles démocraties du monde, les partisans d'un président sortant remettent en cause par

---

[12] ONU Info, Déclaration de l'ancien ministre turc Volkan Bozkir qui préside l'Assemblée générale de l'ONU, 7 janvier 2021.

[13] Selon des propos rapportés par l'Agence France-Presse le 7 janvier 2021.

> les armes les résultats légitimes d'une élection, c'est une idée universelle — celle d'"un homme, une voix" —, qui est battue en brèche ». Avant de conclure : « Ce qui est arrivé aujourd'hui à Washington n'est pas américain, assurément. »

À l'intérieur du Capitole, certains sénateurs républicains prennent la mesure de la gravité de la situation. Steve Daines (Montana), Mike Braun (Indiana) et Kelly Loeffler (Géorgie) renoncent à s'opposer à la certification. Le chef des républicains au Sénat, pourtant soutien de Trump, vacille : « *Nous allons certifier le gagnant de l'élection présidentielle de 2020 ce soir, le peuple américain le mérite.* » À 3 h 42, l'élection de Joe Biden est officiellement certifiée.

Une tentative de coup d'État ?

Lorsque la marée humaine devant le Congrès se replie, le bilan est terrible : 5 morts. Au moins 150 policiers blessés (fractures, commotions cérébrales, brûlures chimiques, 4 suicides dans les huit mois qui suivent...), 700 arrestations. Mais le bloc républicain reste étonnamment figé.

Quelques heures après l'attaque, seuls dix républicains de la Chambre et sept du Sénat votent en faveur de la destitution de Trump.

Au-delà de la bataille juridique

Soulèvement ? Émeute ? Insurrection ? Révolte ? Coup d'État ? « Nous assistons à une tentative de coup d'État encouragée par le criminel de la Maison-Blanche. C'est voué à l'échec », tweete le représentant démocrate William Pascrell (New Jersey). « Il ne s'agit pas d'une manifestation. C'est une tentative de coup d'État », a, de son côté, estimé l'élue du Colorado Diana De Gette, en dénonçant « l'anarchie fomentée par notre propre président ». « C'est une tentative de coup d'État », a tweeté le représentant Adam Kinzinger, un républicain de l'Illinois. Mais, globalement, devant les bouffonneries de certains émeutiers, arborant cornes de bison et même pupitres, ils ne sont pas nombreux, sur le moment, à avoir osé le mot de « coup d'État ». Il faudrait, dans la minute, en tirer de lourdes conséquences constitutionnelles.

Ce n'est qu'un an après que le terme de « tentative de coup d'État » est évoqué au sein du « blob », l'élite d'experts en politique étrangère de Washington.

Comme s'il fallait tout ce temps pour réaliser, « Oui, c'était une tentative de coup d'État », lâche Fiona Hill, membre du Conseil de sécurité nationale qui étudie les régimes autoritaires depuis 30 ans. Et même un « auto-coup d'État » à l'instar de Charles Louis Napoléon Bonaparte en décembre 1851 pour rester au pouvoir au-delà de son mandat ou encore de Nicolas Maduro au Venezuela après avoir perdu les élections de 2017[14].

Dans le cas américain, les faits en appui sont nombreux.

D'abord, les affirmations de Trump lui-même. Longtemps avant la tenue de l'élection, le milliardaire avait fait savoir qu'il était impossible pour lui de perdre autrement que par la fraude. Alors que, entre guerre commerciale avec la Chine, ralentissement économique, effritement du soutien des États clés comme le Wisconsin, la Pennsylvanie ou le Michigan, procédure de destitution, son bilan laissait entrevoir une défaite, dès l'été 2020, cinq mois avant le scrutin, il annonce le vote « le plus truqué de l'histoire des États-Unis », ajoutant le 24 septembre : « Débarrassons-nous de ces bulletins (de vote par correspondance) et ce sera très pacifique ». Semblant mettre en pratique cette injonction, il change le patron de la Poste américaine, celui-là même qui devait superviser l'acheminement postal des bulletins de vote. Interrogé sur une

---

[14] « Yes, it was a coup attempt. Here is why », Fionna Hill, *Politico*, 11 janvier 2021.

transition pacifique du pouvoir, il lâche : « Il va falloir que nous voyions ce qui se passe. » Ce qui se passe ? C'est, à titre préventif, la mise en coupe réglée de la Cour suprême. Trump réussit à y nommer trois nouveaux juges avant l'élection présidentielle de novembre 2020, espérant qu'en cas de contestation, « ses juges » trancheraient en sa faveur, comme Erdogan en Turquie. Au cas où cela ne suffirait pas, il place, aussi à la fin de son mandat et en contournant le Congrès, de nouveaux responsables à des postes cruciaux de la sécurité nationale, tels que les secrétaires à la Défense et à la Sécurité intérieure et le directeur du renseignement national. Ces épisodes étaient suffisamment inquiétants pour que, quelques jours seulement avant le 6 janvier, dix anciens secrétaires à la Défense — dont Mark Esper, son secrétaire à la Défense, qu'il avait congédié pour déloyauté — se sentent obligés de publier une lettre rappelant aux responsables du Pentagone leur serment de respecter la Constitution.

Il s'est ménagé un espace télévisuel à lui avec Fox News, Newsmax, One America News qui livrent une lecture révisionniste des événements du 6 janvier vus comme un exercice pacifique de la liberté d'expression, pointant la responsabilité des Antifa, voire d'agents du FBI infiltrés, dans les violences commises ce jour-là. Sur les réseaux sociaux, trolls offensés et complotistes, chaque jour, se déversent sur l'Amérique via Parler, Twitter, YouTube, Facebook et des sites de propagande comme We Love Trump et InfoWars. La « tyrannie de l'opinion » ferme ses griffes sur la démocratie américaine.

Bien sûr, on peut considérer, avec Hannah Arendt, que : « La véracité n'a jamais figuré au nombre des vertus politiques, et le mensonge a toujours été considéré comme un moyen parfaitement justifié dans les affaires politiques », et dans le même temps, ne pas en oublier les faits :

> « Même si nous admettons que chaque génération ait le droit d'écrire sa propre histoire, nous refusons d'admettre qu'elle ait le droit de remanier les faits en harmonie avec sa perspective propre ; nous n'admettons pas le droit de porter atteinte à la matière factuelle elle-même[15]. »

Or, dans cette communauté agissante, la désinformation a atteint un tel niveau d'intensité qu'elle remet en cause les faits sans lesquels le débat démocratique n'est plus possible. Ainsi, pour Trump : « L'insurrection a eu lieu le 3 novembre, jour de l'élection. Le 6 janvier a été le jour de la protestation[16]. »

Vraisemblablement, les Américains n'habitent plus la même réalité. Jonathan Rauch décrit cette « crise de la vérité[17] » comme un « tribalisme épistémique » (*epistemic tribalism*) qui nie effectivement « le concept de connaissance objective ». Les militants MAGA arrêtés (pour crimes graves tels que : agression contre les forces de l'ordre, violence avec arme mortelle, complot ou possession illégale d'armes à feu ou d'explosifs) se qualifient de « prisonniers politiques ».

« What if? » Que se serait-il passé si Trump avait réussi à renverser le résultat des élections ? L'hypothèse n'a rien de fou. En posant la question, toujours un an après, le chroniqueur américain David Rothkopf ne part pas de rien lorsqu'il rappelle qu'un sondage du *Washington Post*-Université du Maryland révèle que 34 % des Américains pensaient qu'une action violente contre le Gouvernement était parfois justifiée. De là, il tente le scénario :

> « L'officier de police du Capitole, Eugene Goodman, aurait pu être malade le 6 janvier dernier et ne pas être en place pour éloigner la foule des membres du Congrès. La

[15] « Truth and Politics », Hannah Arendt, *The New Yorker*, February 25, 1967.

[16] Communiqué de presse du 21 décembre 2021.

[17] « The Constitution of Knowledge. A Defense of Truth », Jonathan Rauch, *Brookings Institution Press*, 2021.

horde trumpiste aurait pu trouver la présidente de la Chambre Nancy Pelosi, le vice-président Mike Pence ou d'autres membres du Congrès et les tuer ou les blesser[18]. »

« Sauf le premier jour »

Deux ans après, en décembre 2023, alors que l'animateur star de Fox News, Sean Hannity, lui demandait de promettre à l'Amérique qu'il n'abusera jamais de son pouvoir pour se venger, Donald Trump a répondu : *« Sauf le premier jour. »* Et, plus tard, le 26 juillet 2024, lors d'une conférence en Floride, il se fait plus explicite : *« Chrétiens, sortez et votez, juste cette fois-ci. Vous n'aurez plus besoin de le faire. Dans quatre ans, vous savez quoi ? Tout sera réglé, tout ira bien,* vous n'aurez *plus besoin de voter, mes beaux chrétiens. »*

Aux États-Unis, les pouvoirs d'urgence du président sont très larges et laissent entrevoir l'usage que pourrait en faire un pouvoir illibéral.

D'abord, ceux prévus par la loi et délégués par le Congrès au président, de manière explicite comme le International Emergency Economic Powers Act, ou IEEPA. Ce texte permet au président de geler essentiellement tous les avoirs ou d'interdire toute transaction financière afin de faire face à une menace étrangère. En juillet 2022, la septième audition de la commission d'enquête parlementaire sur la journée du 6 janvier a révélé que c'est en vertu de cette loi que le président comptait saisir les machines à voter.

Surtout, peu connus du grand public, y compris des Américains eux-mêmes, certains pouvoirs présidentiels n'exigent aucune déclaration d'urgence ni même de contrôle par le Congrès ou les tribunaux. Parmi eux, la loi sur l'insurrection, qui donne au président un très large pouvoir discrétionnaire pour

---

[18] « What if the January 6 insurrection had succeeded in illegally installing Trump », David Rothkopf, *Times Record News*, 9 janvier 2022.

déployer des forces militaires fédérales en tant que force de police nationale. Les enquêtes du Congrès ont révélé que, depuis novembre 2020, Stewart Rhodes, l'avocat des Oath Keepers, poussait Trump à l'invoquer pour transformer les milices extrémistes en forces de police et briser les manifestations hostiles.

Dans le rapport final de l'enquête parlementaire, le président de la commission, Bennie Thompson, exprime sa profonde inquiétude : « Le 6 janvier a été la culmination d'une tentative de coup d'État. Le dernier espoir désespéré de Donald Trump d'empêcher le transfert du pouvoir. » Et de conclure : « Notre démocratie est toujours en danger. Le complot visant à contrer la volonté du peuple n'est pas terminé. »

Comme si le 6 janvier n'était qu'une répétition, les plus déterminés préparent la suite.

Le contrôle du processus électoral

Dans certains États comme le Texas, la Pennsylvanie ou l'Arizona, des élus ont repéré les faiblesses de la contre-attaque de Trump en 2020.

Ils ont réécrit les règles électorales pour s'assurer d'un comptage plus favorable des bulletins et d'une certification plus avantageuse des résultats.

Ils ont remplacé les fonctionnaires électoraux juges déloyaux, tels que le Géorgien Brad Raffensperger, ou Aaron Van Langevelde dans le Michigan, qui a certifié la victoire de Biden, ou encore le gouverneur Doug Ducey en Arizona, à qui Trump a envoyé une ancienne présentatrice de Fox, Kari Lake, pour lui succéder et « restaurer l'intégrité électorale (passée et future !) ».

Au niveau national, les dissidents républicains de la Chambre des représentants, qui avaient voté en faveur de la destitution de Trump, sont poussés à la démission ou à la retraite. Ils sont huit sur dix dans ce cas dix-huit mois après, comme Adam Kinzinger, ou sa collègue, Liz Cheney, vice-présidente de la commission spéciale de la Chambre des représentants qui enquête sur l'attaque du Capitole et bête noire de Donald Trump, d'abord chassée de la direction du Parti républicain du Wyoming puis du Congrès[19]. Elle a fait le deuil de sa carrière chez les républicains.

Surtout, ils peaufinent les arguments juridiques pour permettre aux assemblées des États de reprendre le contrôle du processus électoral. À la Cour suprême, quatre juges — Alito, Neil Gorsuch, Kavanaugh et Thomas — ont déjà manifesté leur soutien à cette lecture absolutiste du contrôle législatif en vertu de l'article II de la Constitution des États-Unis. Si une assemblée pouvait remettre en cause le vote populaire, que resterait-il alors de la démocratie ?

[19] Liz Cheney a fini par perdre la primaire républicaine du Wyoming contre une candidate soutenue par Donald Trump, Harriet Hageman, le 16 août 2022.

II.

Féminisme : le retour de bâton

Ce jour-là, comme souvent désormais, tout commence par un tweet. « La Cour suprême a voté pour l'annulation de l'arrêt Roe v. Wade, selon un premier projet rédigé par le juge Samuel Alito. » C'est une exclusivité de *Politico*, vénérable journal washingtonien. Du jamais vu !

L'avortement n'est plus un droit fédéral aux États-Unis

Il est 20 h 39 ce lundi 2 mai 2022. Alors que Washington achève sa journée, la nouvelle tombe comme un coup de tonnerre. Cette annonce est susceptible de bouleverser une législation vieille de 50 ans et de porter un coup d'arrêt historique aux droits des femmes. Le renversement de *Roe* conduirait presque immédiatement à l'interdiction de l'avortement dans la moitié de l'Amérique.

Une lecture originaliste de la Constitution

Datant du 22 janvier 1973 et confirmé par une décision subséquente de 1992 — Planned Parenthood v. Casey, l'arrêt Roe v. Wade « s'est trompé de manière flagrante dès le début », écrit le juge Samuel Alito, principal rédacteur du projet. « Il est temps de tenir compte de la Constitution et de renvoyer la question de l'avortement aux représentants élus du peuple. »

Dans son projet d'avis de 98 pages, il explique que l'avortement ne saurait être un droit fédéral pour deux raisons.

Pour lui, la Constitution elle-même — notamment le 14e amendement qui garantit certains droits individuels — ne ferait aucune référence à l'avortement. Pourtant, l'American Historical Association, qui se vante d'être la plus grande organisation du genre au monde, indique que, jusqu'à la guerre civile, une grande partie des États se référaient au droit anglais, lequel ne se prononçait pas sur l'avortement aussi longtemps que le fœtus n'était pas en mouvement[20].

Qu'à cela ne tienne, Alito croit savoir que ce droit ne saurait pour autant bénéficier de la reconnaissance constitutionnelle, parce qu'il ne serait pas enraciné dans les traditions américaines. Bref, la lettre comme l'esprit de la Constitution de l'époque ne permettaient pas de légaliser l'avortement : au contraire, au moment de sa ratification, il était criminalisé, citant le cas d'une affaire pénale qui a été poursuivie en 1652 dans la colonie (catholique) du Maryland. Et d'énumérer, sur 31 pages, les lois qui criminalisaient l'avortement : « Cette criminalisation généralisée de l'avortement dément l'idée qu'un droit à l'avortement est implicite dans la Constitution ». « Aucune disposition constitutionnelle de l'État n'avait reconnu un tel droit. Zéro. Aucune », conclut-il. Pourtant, dans un mémoire séparé[21], l'American Society for Legal

---

[20] « History, the Supreme Court and Dodds v. Jackson: Joint statement from the AHA and the OAH », 6 juillet 2022.

[21] « Brief for *amici curiae* American society for legal history and other scholars with expertise in the law, history and politics of reproduction in the United States in support of respondents », 20 septembre 2021.

History avait expliqué à la Haute Cour que, si les lois sont devenues plus sévères dans de nombreux États au milieu des années 1800, les avortements ont continué après l'adoption de ces lois et se sont accélérés pendant la Grande Dépression, amenant certains hôpitaux à plaider pour leur autorisation[22]. Surtout, c'est ignorer que les lois anti-avortement n'ont jamais empêché les avortements. Les femmes ont toujours eu recours à cette pratique : la Haute Antiquité puis le Moyen Âge nous enseignent qu'elles faisaient usage de potions diverses fabriquées avec l'aide de plantes abortives comme la pomme de coloquinte, la sabine, l'hellébore noir, le soufre ou le fiel de taureau. Datant du XVIe siècle av. J.-C., le papyrus Ebers livrait les techniques médicales d'avortement. Par la suite, certaines femmes n'ont reculé devant rien, sautant dans le vide, se frappant le ventre, utilisant des cintres, quand une grossesse leur semblait intenable.

Aux États-Unis, à l'époque de la rédaction de la Constitution, l'avortement ne faisait pas l'objet de débats publics tout simplement parce qu'il s'agissait d'une affaire privée, cela expliquant sans aucun doute que trois des Pères fondateurs — Thomas Jefferson, Patrick Henry et John Marshall — n'aient pas porté plainte en 1792 dans une affaire judiciaire sensationnelle de cette époque au cours de laquelle des preuves d'un avortement ont été découvertes.

Quant à l'affirmation d'Alito selon laquelle « loin de parvenir à un règlement national de la question de l'avortement, Roe et Casey ont enflammé le débat et approfondi la division », elle est contredite par le soutien de la grande majorité des Américains au droit à l'avortement. Dès la fuite de la décision, un sondage de CNN publié en mai révélait ainsi que 58 % des Américains souhaiteraient que, dans l'hypothèse

[22] L'American Society for Legal History est une société savante américaine fondée en 1956 dont la mission est de diffuser l'histoire du droit dans le monde.

d'un renversement de Roe, les États adoptent des lois favorables à l'avortement.

En privilégiant une lecture originaliste de la Constitution, et en particulier du 14e amendement de 1868 qui protège la vie privée, les juges semblent vouloir priver les femmes de ce qu'il y a de plus privé, leur autonomie corporelle. Elles deviennent *de facto* des sous-citoyens. Elles rejoignent la moitié des adolescentes et des femmes de l'humanité qui ne peuvent prendre leurs propres décisions en matière d'autonomie et d'intégrité corporelles.

Or, au-delà de la Constitution américaine, l'avortement est reconnu dans plusieurs textes internationaux comme un droit humain fondamental et inaliénable notamment par la Convention sur l'élimination de toutes les formes de discrimination à l'égard des femmes de 1979, la Conférence internationale sur la population et le développement de 1994 et la Déclaration et le Programme d'action de Pékin de 1995.

Samuel Alito

Alito a une réputation sulfureuse. Diplômé de Yale et de Princeton, il s'était déjà fait remarquer par son hostilité à l'admission des femmes dans l'enseignement supérieur. Même les conditions de sa nomination ont été chaotiques : lorsqu'il est nommé le 31 janvier 2006 à la Cour suprême, il n'est que le second choix du président George W. Bush, après le retrait de la trop libérale Harriet Miers. Alito avait l'avantage de rassurer l'aile la plus conservatrice du parti républicain tant et si bien qu'on le surnomme « Scalito » en référence à Antonin Scalia, le juge le plus conservateur de la Cour suprême de l'époque. Avec lui, la Cour devient majoritairement catholique pour la première fois de son histoire, alors qu'en 200 ans, elle avait été dominée par une majorité protestante.

Il faut dire qu'Alito a toujours endossé les revendications du mouvement contre l'avortement. En 1985, procureur du district du New Jersey, il avait adressé une note au ministère de la Justice pour critiquer l'arrêt Thornburgh v. American College of Obstetricians and Gynecologists, qui désavouait les États obligeant les médecins à décourager les femmes désirant avorter, et pour détailler les moyens de contourner Roe. En 1991, alors qu'il siégeait à la Cour d'appel des États-Unis, il avait rendu une opinion défavorable au droit et à l'accès à l'avortement dans le cadre de l'arrêt Planned Parenthood v. Casey, estimant qu'une femme désirant avorter devait requérir l'autorisation de son conjoint.

« Une gifle au visage des femmes »

Vendredi 24 juin, à 13 h 24, le couperet tombe. « La Cour suprême donne aux États son feu vert pour interdire l'avortement, supprimant *Roe* », annonce *Politico*. La décision est désormais officielle.

Par 5 voix contre 4. Une seule voix a fait la différence : « le siège volé ». On y reviendra.

L'avortement n'est plus un droit constitutionnel. Charge revient aux États de le légaliser ou non.

Pour le président Joe Biden qui s'exprime depuis la Maison-Blanche, c'est « un jour triste pour la Cour et pour le pays. Cette décision fait des États-Unis une aberration parmi les nations du monde[23]. » « C'est la première fois dans l'histoire de notre nation qu'un droit constitutionnel a été retiré au peuple américain », a déclaré la première vice-présidente de l'histoire des États-Unis, Kamala Harris[24]. Abasourdie, Nancy Pelosi évoque une « gifle au visage des

---

[23] « Remarks of by President Biden on the Supreme Court Decision to Overturn Roe v. Wade », 24 juin 2022.

[24] « Remarks of by Vice-President Harris on the Supreme Court Decision to Overturn Roe v. Wade », 24 juin 2022.

femmes[25] ». Trump, dont c'est l'héritage, lâche, laconique : « c'est la volonté de Dieu[26] », lui, connu pour être si peu puritain.

Deux Amériques

Instantanément, à l'annonce du renversement de *Roe*, des Américains affluent vers la Cour, protégée par des barricades, les uns pour le célébrer, les autres pour s'en offusquer. Beaucoup sont en larmes. Certains élus démocrates du Congrès comme Sara Jacobs (D-Calif.) et David Cicilline (D-R.I.) les rejoignent. La républicaine Marjorie Taylor Greene (R-Ga.) fait une brève apparition devant les caméras, les manifestants pro-choix parvenant ensuite à se rapprocher d'elle, l'amenant à retourner à la Chambre. À l'inverse, la démocrate Alexandria Ocasio-Cortez (D-N.Y.) est chassée de la scène par des manifestants anti-avortement.

Dans la foulée, en moins de 24 heures, neuf États passent à l'acte et rendent l'avortement illégal. Des centres ferment instantanément. Le Missouri est le premier à ouvrir le bal. Dans la nuit. Il sera suivi de l'Arkansas dans la nuit... puis l'Indiana, le Dakota du Sud, l'Oklahoma, le Texas, le Tennessee...

Dans un pays, où, en 2020, plus de 900 000 avortements ont été réalisés, on prédit qu'entre 94 000 et 144 000 femmes ne pourront pas avorter l'année qui suit le renversement de *Roe*, soit une baisse de 15 % du nombre d'avortements[27]. On suspecte également que la mortalité maternelle augmentera

---

[25] « Pelosi statement on Supreme Court overturning Roe v. Wade », Press release, 24 juin 2022.

[26] « Trump: God made the decision overturning Roe », *Politico*, 24 juin 2022.

[27] « Predicted changes in abortion access and incidence in a post-Roe world », Caitlin Myers, Rachel Jones Ushma Upadhyay, *National Library of Medicine,* November 2019.

d'au moins 20 %[28]. À n'en pas douter, ce sont surtout les femmes défavorisées et issues des minorités, n'ayant pas les moyens de se rendre dans un autre État, qui souffriront le plus de cette décision, rappelant la France des années soixante avec ses avortements clandestins et ses voyages organisés aux Pays-Bas.

Des questions alarmantes se posent déjà : faut-il interdire le stérilet aussi ? La contraception ? Qu'en sera-t-il des femmes qui font des fausses couches ? Les voisins seront-ils incités à dénoncer les femmes ? Et la fécondation in vitro ? Les républicains excluent rapidement son interdiction, car la procédure est extérieure au corps de la femme. C'est donc le corps des femmes qui est la cible. La paranoïa gagne les esprits : des femmes suppriment de leurs applications mobiles les données sur leur cycle menstruel. Plusieurs États ne prévoient aucune exception ni en cas de viol ni en cas d'inceste. Une femme devra porter l'enfant de son violeur même si c'est son père et qu'elle a 10 ans, à l'image de cette petite fille de l'Ohio qui, quelques semaines après la décision de la Cour suprême, a été contrainte de se rendre dans l'Indiana pour avorter. Dans l'Amérique d'aujourd'hui, les petites filles auront moins de droits que leurs grands-mères.

Vertige.

Ces drames sont à dessein passés par pertes et profits. Le corps des femmes redevient un lieu de confrontation idéologique. Car, seule compte l'exécution d'un agenda politique précis.

---

[28] « The Pregnancy-Related Mortality Impact of a Total Abortion Ban in the United States: A Research Note on Increased Deaths Due to Remaining Pregnant », Amanda Jean Stevenson, *Département de sociologie et institut des sciences comportementales*, université du Colorado à Boulder, 2021.

Le triomphe de 50 ans de militantisme anti-avortement

Le renversement de *Roe* n'est pas simplement un retour en arrière, ou un retour de bâton (*backlash*). Il est la signature d'un projet de transformation de la société, bien antérieur à l'élection de Trump ou au mouvement Me Too, ce phénomène mondial de dénonciation publique des prédateurs sexuels apparu en 2017 sur les réseaux sociaux, dans le sillage de l'affaire Harvey Weinstein, le magnat d'Hollywood.

La grande peur des fondamentalistes

Les bouleversements liés à la notion du genre, la déchristianisation de la société, les transformations démographiques de l'Amérique de moins en moins blanche, l'essor du féminisme ont provoqué, depuis le milieu du XXe siècle, la panique des fondamentalistes chrétiens évangélistes. Parmi eux, des milliardaires ont eu à financer les campagnes de républicains dans les années 70 et 80.

Professeur à Harvard et à Stanford, l'intellectuel conservateur américain, Harvey Mansfield résume parfaitement l'hostilité grandissante au féminisme :

> « Les universités sont devenues l'institution où le politiquement correct règne en maître quasi total depuis les années soixante-dix. C'est surtout le cas avec le féminisme, largement responsable de la vague de politiquement correct qui s'est abattue sur les universités et la société en général. Le féminisme a emprunté à l'esprit moral du mouvement des droits civiques, qui avait identifié, à juste titre, une catégorie spéciale de victimes de la société : les citoyens noirs, seuls immigrants à avoir été réduits en esclavage. On a voulu créer un moyen, la discrimination positive, censé leur donner un avantage, qui permette de dire qu'ils sont égaux, mais momentanément désavantagés. Puis ce remède à l'injustice et aux dégâts créés par l'esclavage a été étendu aux femmes, un groupe qui en avait beaucoup moins

besoin, sur la base d'une doctrine, le féminisme, plus controversée[29]. »

C'est ignorer le féminisme noir, bien plus inclusif au point de s'ouvrir... aux hommes, à l'instar de la pensée de bell hooks, professeure à l'université de Berea (Kentucky), dont le nom tout en minuscules permet diriger l'attention sur son message plutôt que sur elle, et qui préconise une masculinité libérée des injonctions sociétales de virilité, de performance sexuelle et de succès professionnel, autant de contraintes qui prennent le pas sur l'épanouissement personnel[30]. Ignorant ce féminisme inclusif pour verser dans une version caricaturale et partiale, Mansfield de conclure que « les excès du féminisme ont créé un puritanisme[31] ». Beaucoup pensent comme lui.

Une histoire d'abord politique

C'est sur ces bases que le 24 juin 2022 triomphent 50 ans de militantisme anti-avortement. Avant cela, le plus grand moment de gloire des fondamentalistes avait eu lieu dans les années quatre-vingt, avec l'élection du président Ronald Reagan. À l'époque, l'un de ses fervents soutiens, le pasteur baptiste, Jerry Farewell, membre de la mouvance Majorité morale (Moral Majority), qui compte alors 6 millions de membres, prédisait, déjà, le renversement de *Roe*. On n'hésite plus à comparer l'avortement à un homicide ou à la Shoah. Des groupes tels que la puissante Société fédéraliste (Federalist Society) bénéficient d'une influence considérable sur les nominations à la Cour suprême par les présidents républicains.

---

[29] Harvey Mansfield, *Manliness*, New Haven: Yale University Press, 2006.
[30] « La volonté de changer. Les hommes, la masculinité et l'amour », bell hooks, *Divergences*, 2021.
[31] « Dans le féminisme américain actuel, il ne peut y avoir ni ladies ni gentlemen », Harvey Mansfield, *Le Figaro*, 26 novembre 2018.

Tocqueville avait entrevu l'évolution de ces associations. Méfiant vis-à-vis de la puissance publique, l'Américain a, selon l'auteur de la *Démocratie en Amérique*, recours, plus qu'ailleurs, aux associations privées dans le domaine commercial, sécuritaire, sanitaire, religieux au point de constituer un sérieux contre-pouvoir face à la majorité. Parce que l'Amérique a toujours craint le pouvoir de la majorité, elle s'est dotée d'une Constitution protectrice des droits de la minorité. Tout le système institutionnel procède de cette préoccupation. Tocqueville y voit même l'origine du libéralisme de la société américaine. Mais il en avait aussi perçu le risque.

Résultat : la majorité des Américains a beau vouloir le contrôle des armes, la protection fédérale de l'avortement ou même Hillary Clinton à la Maison-Blanche, c'est une minorité qui a imposé un autre choix.

Le « siège volé »

Le basculement s'est produit avec ces trois juges choisis Trump pour siéger à la Cour suprême : Neil Gorsuch, Brett Kavanaugh et Amy Coney Barrett. Il est assez rare qu'un président ait la chance d'en nommer autant pendant son mandat. Avec des juges relativement jeunes, nommés à vie et agissant au nom d'une idéologie particulière, la Cour peut désormais légiférer des décennies bien après le départ du président qui les a nommés afin de réaliser des objectifs politiques qu'il ne pouvait atteindre par le biais du processus politique.

Cinq contre quatre. Il a suffi d'une voix pour en finir avec *Roe*. « Le siège volé », comme disent les démocrates, n'est pas le fruit d'une chance quelconque, mais du refus des républicains de confirmer le choix d'Obama, Merrick Garland, en 2016, à moins d'un an du terme de son mandat présidentiel. Confronté à la même situation, Trump, lui, ne s'est pas gêné et a nommé Barrett. Il avait promis aux fondamentalistes une cour anti-avortement.

Pourquoi s'arrêter là ?

Ce n'est qu'un début

Pence souhaite ainsi que la loi fédérale interdise l'avortement dans les 50 États. Le juge le plus strict de la Cour, Clarence Thomas, a fait valoir, dans son opinion sur *Roe*, que la lecture originaliste du 14e amendement devait, avec l'avortement, s'appliquer aux autres droits, tels que la contraception, le mariage et les pratiques homosexuelles et que, là non plus, la protection fédérale ne s'imposait à aucun de ces droits. Il écrit cela dans une opinion séparée au moment même où Alito jurait le contraire. Thomas : « Dans les affaires futures, nous devrions reconsidérer tous les précédents substantiels de cette Cour en matière de procédure régulière, y compris Griswold, Lawrence et Obergefell », se référant à une décision de 1965 concluant à un droit à la contraception pour les couples mariés, à une décision de 2003 qui a annulé les lois criminelles sur la sodomie et à une décision de 2015 exigeant que les États reconnaissent les mariages homosexuels. « Nous avons le devoir de corriger l'erreur établie dans ces précédents. »

La Cour, qui devait unir les Américains, a donc fait le choix du militantisme politique. Le professeur de droit de Harvard, Noah Feldman, parle de « suicide institutionnel ». Selon lui, « c'en est fini de la Constitution telle que nous l'avons connue jusqu'ici ». En infirmant *Roe*, les juges ont :

> « [...] répudié l'idée même que la plus haute cour des États-Unis existe pour protéger les libertés fondamentales des gens contre les majorités législatives qui y porteraient atteinte. Cette décision n'est pas seulement une catastrophe pour les femmes, qui peuvent maintenant être forcées de

> mener à terme des grossesses non désirées. C'est une catastrophe pour tous les Américains[32]. »

Dans la foulée du retournement de *Roe*, la Cour enchaîne, changeant la vie des Américains. Le 21 juin 2022, remettant en cause le vieux principe américain de séparation de l'Église et de l'État, elle autorise les États à utiliser les fonds dédiés aux écoles publiques pour financer l'éducation religieuse dans les écoles privées (arrêt Carson v. Makin). Jamais auparavant la Cour suprême n'avait forcé un État à financer l'éducation religieuse. Le 23 juin, alors qu'au même moment, le Congrès vote une loi sur le contrôle des armes après la tragédie d'Uvalde en mai 2022, la Cour, dans un terrible mouvement inverse qui met fin à une loi new-yorkaise vieille d'un siècle, autorise le port d'armes en extérieur au nom du deuxième amendement (arrêt New York State Rifle & Pistol Association Inc. v. Bruen). Le 27 juin, elle autorise la prière à l'école publique au nom du premier amendement et de la liberté religieuse (arrêt Kennedy v. Bremerton School District). Le 30 juin, elle entame sérieusement le pouvoir de régulation de l'Agence fédérale de protection de l'environnement en lui interdisant de prendre des décisions générales réglementant les émissions des centrales à charbon sans autorisation explicite du Congrès.

Une Amérique déchirée

Une Amérique à deux vitesses se met brutalement en marche.

> « Je pense que la politique américaine va connaître des bouleversements majeurs. Des États rouges vont devenir de plus en plus rouges. Les États violets vont devenir rouges et les États bleus vont devenir beaucoup plus

---

[32] « Ending Roe is institutional suicide for Supreme Court », Noah Feldman, *Bloomberg*, 27 juin 2022.

> bleus. Les républicains en sortiront renforcés au sein du collège électoral. Et c'est une très bonne nouvelle pour ceux d'entre nous qui veulent voir des présidents républicains élus, qui veulent voir une Cour suprême qui reste conservatrice. »

On a ainsi entendu, juste après le renversement de *Roe*, le sénateur du Missouri, Josh Hawley, celui-là même qui avait été le premier sénateur à refuser la certification de l'élection présidentielle de 2020, se réjouir que les progressistes quittent son État, permettant par le biais de cette purification politique aux conservateurs de rester entre eux.

Les Américaines en résistance

Sur le plan juridique, la bataille s'annonce âpre entre les États qui pourchassent les femmes qui avortent dans d'autres États, ou criminalisent l'usage, voire la commande sur Internet de pilules abortives, et les États comme la Californie, qui annonce une loi plus protectrice des médecins pratiquant l'avortement sur des femmes venues d'ailleurs.

Enfin, sur un plan pratique, cette situation aura aussi des répercussions dans les États libres en raison de l'inéluctable surcharge produite par l'accueil de patients supplémentaires. En fait, cette décision impacte l'ensemble des États-Unis. Si peu de choses rassemblent désormais les États de l'intérieur et ceux des côtes, il devient de plus en plus compliqué de faire nation. Des familles se déchirent.

Ce schisme présage le combat qui attend ceux qui ne sont pas en accord avec le renversement de *Roe*. D'abord légalement. Dans son discours qui a suivi la décision de la Cour, tout en signant des décrets[33] pour tenter de ménager aux femmes un espace de liberté sur leur corps, le président Biden, conscient que les options sont limitées, appelle les Américains à ne pas avoir recours à la violence et leur demande de voter pour changer les gouverneurs hostiles localement et lui donner une majorité forte au Congrès. Devant ses soutiens qui oscillent entre peur, sentiment de trahison et colère, il sait que le combat est ardu, le dernier démocrate qui avait une telle majorité, de 60/100, c'était Bill Clinton en 1993.

Depuis, les démocrates, impuissants, s'en sont remis aux États. Sur le plan politique, ils sont nombreux à reprocher à Biden d'avoir réagi trop peu et trop tard alors que la décision avait fuité deux mois auparavant, cette impasse sur l'avortement survenant après une série de renoncements démocrates sur le contrôle des armes à feu, la protection de l'environnement ou le droit de vote.

Certains membres du Congrès, parmi les plus progressistes comme Alexandra Ocasio-Cortez et Elizabeth Warren, appellent l'administration à ouvrir des cliniques d'avortement sur les terres fédérales des États réfractaires. D'autres ne veulent pas accabler Biden, à l'image de Jennifer Palmieri, ancienne conseillère à la communication de Barack Obama :

> « Nous sommes dans un combat tellement plus grand que ce que le président des États-Unis peut livrer, et si vous pensez qu'il peut être gagné sur quelques mesures prises dans les deux semaines qui ont suivi le renversement de

---

[33] Dans la foulée des décrets signés par les gouverneurs démocrates du Maine, Colorado, Rhode Island et Caroline du Nord, le président Biden signe deux ordres exécutifs (*executive orders*) le 8 juillet pour garantir l'accès à la contraception d'urgence puis le 3 août 2022 pour protéger les femmes contraintes d'avorter dans d'autres États ainsi que les soignants et également favoriser la collecte de données sur les conséquences en termes d'organisation des soins.

Roe, c'est que vous ne mesurez vraiment pas l'ampleur du combat qui est devant nous et la précarité des moments que nous vivons[34]. »

Un séisme international

Instantanément, la France, pays de l'emblématique Simone Veil qui a porté le combat du droit à l'avortement alors qu'elle était ministre de la Santé sous la présidence de Valéry Giscard d'Estaing[35], ouvre le débat de la constitutionnalisation de ce droit qui finit par faire intervenir la loi constitutionnelle du 8 mars 2024. Après tout, en France aussi, même si le délai de recours de ce droit a été étendu en 2022, la Manif pour tous reste active, avec les mêmes arguments que ceux entendus du côté du Potomac. Ils ont d'ailleurs des relais au cœur du pouvoir : en 2012, la chef de file des nationalistes français, Marine Le Pen, ne plaidait-elle pas pour le déremboursement de « l'avortement de confort » ? Au Parlement européen, ses élus, emmenés par le président national du parti, Jordan Bardella, n'ont-ils pas, le 24 juin 2021, un an tout juste avant la décision de la Cour suprême américaine, voté contre une résolution appelant les Européens à « garantir l'accès universel à un avortement sûr et légal » ? Certains ont même depuis rejoint l'Assemblée nationale en tant que députés.

Aujourd'hui, une partie de la France pense qu'en gravant ce droit dans le marbre, peut-être que l'impensable n'adviendra pas. La France a aussi des atouts pour éviter une polarisation à l'américaine sur un tel sujet. On se souvient du général de Gaulle : « C'est vrai, transmettre la vie, c'est important ! Il faut que ce soit un acte lucide, continuez. » De cette

---

[34] « Inside the White House struggle to respond to the abortion ruling », Ashley Parker, Yasmeen Abutaleb and Tyler Pager, *The Washington Post*, 9 Juillet 2022.

[35] Loi n° 75-17 du 17 janvier 1975 relative à l'interruption volontaire de la grossesse.

conviction viendra la loi Neuwirth légalisant la contraception en 1967.

Chez les voisins, le droit à l'avortement n'est pas toujours une évidence. En Italie, les gynécologues bénéficient du droit à l'objection de conscience et l'utilisent largement. La Pologne, par la voix de son tribunal constitutionnel, a supprimé en octobre 2020 la possibilité de recourir à l'IVG en cas de malformation du fœtus, rendant ce droit quasiment illégal.

Ailleurs, si certains États ont fini par autoriser l'avortement, de l'Irlande en 2019 à l'Argentine en 2020, l'accès à la contraception et au droit à l'avortement reste généralement incertain : selon le Centre des droits reproductifs, 700 millions de femmes vivent dans un pays qui ne donne pas accès à l'avortement, dont 24 (comme l'Irak, Andorre) l'interdisent sans exception, y compris quand la vie de la femme est en danger. Certains États conservateurs ont même profité de la pandémie pour le restreindre davantage. Ainsi, le Fonds des Nations unies pour la population a constaté 1,4 million de grossesses non désirées dans le monde après un an de pandémie à cause des perturbations des services de contraception.

De ce point de vue, la situation de l'Afrique, plus jeune continent du monde, est emblématique de ces incertitudes : si le Protocole de Maputo de 2013 a permis des assouplissements, on évoque 6,2 millions d'avortements par an, la plupart effectués dans des conditions dangereuses. Pourtant, l'Afrique aussi a ses pionnières féministes — souvent méconnues comme la Sénégalaise Awa Thiam, la Nigériane Funmilayo Ransome Kuti, la Soudanaise Awa Keïta, la Marocaine Fatima Mernissi ou encore la Kenyane Achola Pala.

Derrière ces batailles sans fin, ce qui se joue est le contrôle du corps des femmes dont une partie des législateurs pense qu'il appartient à la société, qu'il est donc politique. Aux États-Unis, le mouvement féministe s'est heurté rapidement à un système patriarcal qui n'a jamais désarmé (le *backlash* décrit par Susan Faludi en 1991[36]).

Des Américaines pionnières

Il est vrai que le combat des Américaines, qui y sont allées plus tôt qu'en Europe, y a commencé avant. Il a également été puissamment porté par une dynamique associative typiquement américaine mêlant mouvement social, groupes de pression, sororités, actions collectives devant les tribunaux et levées de fonds.

À l'origine du mouvement suffragiste

Dès 1840, Tocqueville expliquait : « Si on me demandait à quoi je pense qu'il faille principalement attribuer la prospérité singulière et la force croissante de ce peuple, je répondrais que c'est à la supériorité de ses femmes. »

> « Presque tous les voyageurs européens en Amérique au XIXe et au début du XXe siècle ont manifesté leur étonnement, et souvent leur réprobation, devant le comportement des Américaines [la part] qu'elles prenaient à l'économie et la vie sociale, leur "arrogance", leur "vulgarité", leur dynamisme et leur indifférence à l'élégance, à la séduction, pas seulement parmi les pionnières de la conquête de l'Ouest à la Calamity Jane », détaille Patrick Sabatier[37].

Ainsi, éduquées, les premières militantes s'engagent autant pour la fin de l'esclavage que pour la libération des femmes. Certaines ont aidé les Noirs à fuir clandestinement les États du Sud.

---

[36] Susan Faludi, *Backlash. La guerre froide contre les femmes*, Éditions des Femmes, 1993.
[37] Patrick Sabatier, *De Pocahontas à Hillary. Américaines. 50 Wonder Women de l'histoire des États-Unis,* Bibliomane, 2017.

« C'est de la mobilisation abolitionniste qu'est né le mouvement suffragiste américain. Bientôt, nombre d'associations décident de mener une seule et même campagne pour le suffrage des Noirs et pour le suffrage des femmes », dit la philosophe française Elsa Dorlin[38], jusqu'au moment où les femmes noires seront exclues du mouvement féministe au début du XXe siècle. Le combat continuera sans elles. Dès 1848, les féministes américaines organisent la première Convention pour les droits de la femme. Elles sont aussi à l'origine de la plus grande grève des femmes de l'histoire américaine, celle du 28 février 1909, pour dénoncer leurs conditions de travail dans les ateliers textiles de New York. Quelques années plus tard, en 1920, le droit de vote est accordé aux femmes blanches. Un quart de siècle avant les Françaises néanmoins.

L'égalité de tous les droits

La seconde vague du féminisme commence dans les années soixante.

Commencée aux États-Unis également, elle ajoute à la lutte pour l'égalité des droits la question de la sexualité et du rôle de la femme dans la famille, de la violence conjugale aux droits liés à la procréation. National Woman's Party, League of Women Voters, YWCA, Women Strike for Peace, National Organization for Women portent le fer partout, de la légalisation de la contraception par la Cour suprême (affaire Griswold v. Connecticut) en 1964 au vote de lois fédérales interdisant l'inégalité salariale (Federal Equal Pay Act), de la discrimination positive lancée en 1965 par le président Johnson à la légalisation du divorce par consentement mutuel avec le Family Law Act, adopté d'abord par la Californie en 1969.

---

[38] Michele Wallace, Combahee River Collective, Audre Lorde, Barbara Smith, Hazel Carby, bell hooks, Patricia Hill Collins, Laura Alexandra Harris, Kimberly Springer, Beverly Guy-Shefthall, *Black Feminism. Anthologie du féminisme africain-américain, 1975-2000*, L'Harmattan, 2008.

Ces victoires coïncident avec une nouvelle offensive patriarcale dénonçant les excès des féministes qui finiraient seules et aigries, mais également avec l'approfondissement de clivages parfois violents parmi les féministes.

En 1970, le collectif Third World Women's Alliance publie *Black Women's Manifesto* qui énonce les principes fondateurs du féminisme noir, clairement rattaché à l'histoire de l'esclavage et aux combats menés par Harriet Tubman ou Ida B. Wells. D'Angela Davis[39] à Kimberlé Crenshaw[40] en passant par Audre Lorde qui, elle, est en plus lesbienne, les femmes noires veulent mettre en lumière le cumul des oppressions, ouvrant la voie à la troisième vague du féminisme américain, intersectionnelle, théorisée par bell hooks, avec son *Ne suis-je pas une femme ? Femmes noires et féminisme*, paru en 1981[41], ou encore par Rebecca Walker, dans l'article « Becoming the Third Wave » en 1992. La prise de conscience s'aiguise, mêlant la race, le genre, l'orientation sexuelle et la classe sociale tout en parlant au reste du monde. Harcèlement sexuel, violence domestique, inégalités salariales, troubles alimentaires et image corporelle, droits sexuels et reproductifs, crimes d'honneur et mutilations génitales féminines : aucune dimension des inégalités de genre (*gender gap*) n'est épargnée.

En accompagnant le mouvement, l'Université a fourni, dès les années soixante, les outils conceptuels de compréhension, mais également d'action.

Les *women studies* interrogent les discriminations à l'égard des femmes, autant leur place dans l'histoire que leur

---

[39] Angela Davis, *Women, Race and Class,* Random House, 1981.

[40] Kimberlé Crenshaw, *Demarginalizing the Intersection of Race and Sex: A Black Feminist Critique of Antidiscrimination Doctrine, Feminist Theory and Antiracist Politics*, University of Chicago Legal Forum, 1989.

[41] bell hooks, *Ain't I a Woman? Black Women and Feminism*, South End Press, 1981.

invisibilisation dans l'économie. Avec l'apparition de la théorie du genre, entendue par ses conceptrices, Gayle Rubin et Judith Butler, comme une production sociale différente de l'identité sexuelle et relative aux stéréotypes appliqués à la nature biologique, le sexe et le genre ne se confondent plus et il devient impossible de généraliser sur « les femmes ». La sororité n'est plus un cadre suffisamment opérant pour contenir la race et la classe. On passe d'une approche universaliste à la systématisation de l'exclusion (sexisme anti-homme, éparpillement, voire séparatisme des groupes de femmes qui ne peuvent plus dialoguer entre elles, empêchées par la race et/ou la classe). Et surtout, par une grande incompréhension.

Les ambiguïtés de Me Too

La quatrième vague du combat des Américaines est le cyberféminisme, amorcé sur Twitter par le mouvement Me Too (avec son équivalent Balance ton porc, en France). Les révélations du *New York Times* concernant le comportement de prédateur du producteur Harvey Weinstein le 5 octobre 2017 ont déclenché une révolte collective libérant la parole des femmes dans tous les secteurs, du cinéma à la mode, de l'université à l'armée, le ballet, le sport.

Mais le mouvement est également porté par une dynamique ambiguë dénoncée par... Faludi[42]. Et, la journaliste de citer la chanteuse de pop Miley Cyrus qui dit avoir « l'impression d'être l'une des plus grandes féministes du monde parce que je dis aux femmes de n'avoir peur de rien », le mannequin Cara Delevingne qui brandit une pancarte « Liberté libre » pendant la Fashion Week de Paris, l'héroïne d'Harry Potter Emma Watson et son initiative HeForShe ou Beyoncé qui sample l'écrivaine nigériane Chimamanda Ngozi Adichie

---

[42] « Feminism Made a Faustian Bargain with Celebrity Culture », Susan Faludi, *The New York Times*, 20 juin 2022.

devant cet écran géant « féministe » aux MTV Video Music Awards de 2014.

Pour Faludi, la quatrième génération du mouvement féministe a été cannibalisée par ces vedettes, au détriment du mouvement social. N'est-ce pas une travailleuse sociale africaine-américaine de Houston, Tarana Burke, oubliée de tous, qui a lancé, dix ans avant l'actrice Alyssa Milano et son *hashtag* viral sur Twitter, le mouvement social Me Too ? Faludi cingle : « L'arme d'humiliation publique de #MeToo n'était pas particulièrement utile contre un prédateur sans public — disons, un superviseur de banque ou un contre-maître de magasin. » Pendant ce temps, se désole-t-elle :

> « Des conseils scolaires aux commissions de comté, il a fallu aux fantassins conservateurs des décennies de mobilisation peu glamour pour finir par dominer le Congrès et la Cour suprême. Alors que le féminisme pop connaissait son apogée au début des années 2010, les législatures des États ont adopté plus de 200 restrictions sur l'accès des femmes à l'avortement. »

Résultat : dans le classement annuel du Forum économique mondial évaluant l'état de la parité dans le monde en 2022, les États-Unis ne figurent plus qu'à la 27e place sur 193 pays quand la France parvient à la 15e derrière le Nicaragua (7e) ou la Namibie[43] (8e). Les données sont accablantes pour la première puissance économique mondiale : la mortalité maternelle n'a jamais été aussi élevée en 50 ans : avec 23,8 décès pour 100 000 naissances en 2020, les États-Unis connaissent le pire taux des pays industrialisés[44]. Parmi les Américaines, les femmes noires décèdent trois fois plus en couches que les femmes blanches. Quant aux féminicides, ils atteignent une

---

[43] Données du National Center for Health Statistics, 2020.

[44] Classement mondial sur l'égalité des sexes 2022, Forum économique mondial.

réalité inquiétante : 90 % des jeunes de moins de 18 ans tués par leur partenaire ou ex-partenaire sont des filles[45].

Force est de constater que les femmes n'ont pas « tout eu », pour reprendre le titre légendaire de l'éditrice du magazine *Cosmopolitan*, Helen Gurley Brown, en 1982. Sur la compatibilité entre carrière et maternité, succès et bonheur, sa formule — cette fausse promesse du féminisme — est même passée d'un encouragement à une réprimande. Les femmes ne peuvent plus se permettre de tout avoir : alors qu'en 1990, les États-Unis avaient l'un des taux d'emploi des femmes les plus élevés au monde, jusqu'à atteindre 74 % en 1999, ce taux est tombé à 69 % aujourd'hui, loin derrière la Suisse, l'Australie, l'Allemagne, la France, le Canada, le Japon.

Sex & the City

Ne pouvant plus tout avoir, voilà que les femmes s'autorisent désormais à être de « mauvaises féministes », à l'image de Roxane Gay dont l'essai plaide pour un « féminisme inclusif » : oui, clame Gay, on peut être féministe et aimer les faux ongles, le rose et les comédies romantiques, pariant sur la culture populaire plutôt que la démarche universitaire, elle qui est pourtant professeur d'université[46].

Alors, lorsque Sheryl Sandberg, diplômée de Harvard, directrice des opérations chez Facebook, l'une des femmes les plus puissantes de la Silicon Valley, publie sa biographie à l'attention des femmes[47], une partie de celles-ci tique, dénonçant son élitisme, ses blâmes à l'encontre de celles qui

---

[45] Étude du Jama Pediatrics de 2019 à partir de données issues du National Violent Death Reporting System entre 2003 et 2016 sur 2 188 homicides dans 32 États

[46] Roxane Gay, *Bad Feminist*, Harper Perennial, 2014.

[47] Sheryl Sandberg, *Lean In: Women, Work and the Will to Lead*, Alfred Knopf, 2013.

ne réussissent pas autant qu'elle, cette « pom-pom girl du féminisme », comme l'écrit Maureen Dowd.

Celle-ci ajoute : « Les gens viennent à un mouvement social de bas en haut, pas de haut en bas. Sandberg a coopté le vocabulaire et la romance d'un mouvement social non pas pour vendre une cause, mais elle-même[48]. » Se dépeignant en une Carrie Bradshaw, l'héroïne iconique de *Sex & The City*, la série américaine phare des années 2000, Dowd s'interroge : « Peut-être aurions-nous dû savoir que le triomphe du féminisme durerait une nanoseconde alors que le contrecoup durerait 40 ans[49]. »

De l'antiféminisme des femmes

Il s'en est fallu de peu pour que Dowd soit accusée d'antiféminisme, cet art pratiqué aussi par les femmes aux États-Unis plus férocement qu'ailleurs. Sans doute est-ce la raison pour laquelle, depuis 1972, l'Equal Rights Amendment (ERA) n'a jamais pu être ratifié par suffisamment d'États pour figurer dans la Constitution. Aux États-Unis, la voix du patriarcat a souvent été celle des femmes.

Ainsi, au nom des valeurs chrétiennes, Marabel Morgan conseillait la soumission aux femmes, dans son best-seller antiféministe de 1973, *The Total Woman* : « Votre mari est ce qu'il est. Acceptez-le comme ça... » L'équilibre familial, ainsi justifié par Phyllis Schlafly, l'opposante la plus farouche de l'ERA dans les années soixante-dix, garantit le bien matériel des femmes, en général au foyer. Dans un tel système, ce sont les hommes qui se sacrifient. Que demander de plus ? Les

---

48 « Pompom Girl for feminism », Maureen Dowd, *The New York Times*, 23 février 2013.

49 Maureen Dowd, *Les hommes sont-ils nécessaires ? Quand les sexes s'entrechoquent*, Putnam, 2005.

femmes antiféministes triomphent dans les années quatre-vingt avec l'élection de plusieurs présidents républicains conservateurs, de Ronald Reagan à George Walker Bush. Aujourd'hui, la nouvelle vague, représentée par Camille Paglia, Christina Hoff Sommers, Elizabeth Fox-Genovese, revendique un féminisme non victimaire (de « fausses féministes » selon Susan Faludi), au motif que le patriarcat n'est plus une menace.

Résultat : comme un bug de l'histoire, les grands noms des années soixante-dix sont encore là, de Kim Gandy, ancienne présidente de l'Organisation nationale des femmes et du Réseau national pour mettre fin à la violence domestique à l'actrice Jane Fonda, co-fondatrice du Women's Media Center, cohabitant avec la nouvelle génération sous l'impulsion de la New-Yorkaise fondatrice du megablog *Feministing,* Jessica Valenti. Les plus jeunes pressent les femmes à davantage de solidarité à l'image de Ann Friedman ou de Aminata Sow[50] qui ont popularisé la « Shine Theory », en référence à la nécessité pour les femmes de se soutenir au lieu d'être en compétition les unes contre les autres.

Un modèle français ?

La mystique républicaine d'abord

En France, certaines femmes se sentent suffisamment protégées par le préambule de la Constitution française qui consacre l'égalité hommes-femmes pour défendre « la liberté d'importuner, indispensable à la liberté sexuelle[51] ». Un propos qu'on retrouvait déjà pendant « l'affaire DSK » quand

[50] Respectivement journaliste et essayiste, les deux amies tiennent un podcast à succès, *Call Your Girlfriend*, et ont ensemble publié un best-seller, *Big Friendship: How We Keep Each Other Close* en 2020.

[51] « Nous défendons une liberté d'importuner, indispensable à la liberté sexuelle », Collectif, *Le Monde*, 9 janvier 2018.

les Américaines avaient semblé reprocher aux Françaises de se rendre complices de machisme, et même lorsqu'elles sont féministes, de ne pas le clamer.

C'est que la riche documentation américaine sur le sujet n'est pas tellement connue en France. Même le courant du « french feminism » (avec Hélène Cixous, Luce Irigaray, Julia Kristeva...) est peu popularisé. Il a fallu attendre 1981 et le volontarisme affiché par les socialistes pour entendre les premières revendications — restées timides — à l'université et davantage au CNRS. Mais c'est surtout la suspicion qui a eu raison des *women studies*, le féminisme n'ayant pas vraiment bonne presse et le particularisme encore moins au pays de la mystique républicaine. Les débats ne sont pas allés plus loin que la question de l'égalité au travail ou la féminisation des fonctions sans vraiment inscrire cette histoire dans l'histoire générale.

Pourtant, elles attendent beaucoup des Françaises, les Américaines. Dans leur anthologie *Repenser le politique : l'apport du féminisme*[52], Pénélope Deutscher et Françoise Collin rappellent combien les pionnières du féminisme américain, Shulamith Firestone avec *La Dialectique du sexe* (1972), Kate Millett avec *La Politique du mâle* (1971), Germaine Greer avec *La Femme eunuque* (1971), avaient déjà été influencées par *Le Deuxième Sexe* de Simone de Beauvoir (1949).

Le potentiel du mouvement féministe français

Alors que le « retour de bâton » brutalise régulièrement les droits des femmes américaines et brise l'unité du mouvement, la France a les moyens de s'en prémunir, autrement que par

---

[52] Françoise Collin et Pénélope Deutsher (collectif), *Repenser le politique : l'apport du féminisme,* Éditions Campagne Première (Les Cahiers du Grif), 2005.

une vaine injonction égalitaire, en favorisant par exemple des *women studies* intégrées aux sciences sociales et non comme matière à part — comme les Américaines finirent par commettre l'erreur de le faire.

De plus, à la manière d'une Sandra Harding et de son épistémologie du point de vue, ou d'une Éléonore Lépinard sur l'expérience des sensibles par les « dominés », une telle approche permettrait aussi de partager la parole victimaire de sorte que les femmes ne soient pas les seules légitimes à évoquer leurs souffrances ; bell hooks avait ainsi intégré l'expérience des hommes et, avant elle, la Française Simone de Beauvoir, qui en interrogeant l'essence de la femme, avait *de facto* interrogé la masculinité et cette injonction viriliste et performative qui fait souffrir tant d'hommes. Ce ne sont pas seulement des *women studies* qu'il faudrait renforcer en France, mais également les *men studies*.

L'afro-féminisme

Et puis, au vu de leur présence importante sur le sol français, il faut aussi évoquer le cas particulier des femmes d'origine africaine, très sensibles à l'afro-féminisme américain.

Si certain.e.s afroféministes veulent privilégier le prisme racial au motif que, selon ce mouvement, les femmes blanches aisées ne vivent en effet pas les mêmes expériences que les femmes noires pauvres, qui en effet quelquefois gardent leurs enfants, une approche plus conforme à la tradition française — et non moins efficace — pourrait utilement inscrire le droit des femmes d'origine africaine dans leur histoire ancestrale, offrant l'opportunité de remédier aux biais stigmatisants.

Par exemple, l'ordination des femmes n'était-elle pas autorisée dans l'Égypte ancienne alors que l'Europe en débat encore ? Les Amazones du royaume du Dahomey ne constituaient-elles pas un corps essentiel des armées de

Béhanzin, dès le XVIIe siècle[53] ? En Nubie, les Candaces, qui maniaient l'épée et se faisaient inhumer dans les pyramides, n'ont-elles pas, en 700 ans, construit plus de pyramides que les pharaons en trois millénaires de civilisation ? Au moment où l'on condamne cette supposée tradition africaine qu'est la polygamie, des *Black studies* « à la française » n'offriraient-elles pas l'occasion d'inscrire ce féminisme dans la tradition universelle et de rappeler que les Nubiennes avaient le droit de choisir leur mari et même le moment de se marier ?

« Comme on monte à l'échafaud »

Plus concrètement encore, la France pourrait favoriser la délivrance de programmes de formation pour renforcer la confiance des femmes en leurs capacités politiques. Car, ainsi que l'exprimait Olympe de Gouges en 1791 : « La femme a le droit de monter à l'échafaud, elle doit également avoir celui de monter à la tribune[54]. »

Aux États-Unis, le Brand New Congress, fondé en 2016 par Saikat Chakrabarti, Zack Exley, et Alexandra Rojas Corbin Trent, a fait émerger des élues comme Alexandria Ocasio-Cortez ou Cori Bush. Dans les pays du Sud, ce sont des programmes écologiques qui ont permis de découvrir les écoféministes les plus brillantes comme la Prix Nobel kenyane de la Paix, Wangari Maathai.

Et, en ne perdant pas de vue le mouvement social — toujours saillant dans un pays comme la France —, placer en tête des cortèges féministes les mères seules, premières victimes de la pauvreté, parce qu'en 2020, « 22 % des enfants

[53] Quoique Viola Davis, avec son interprétation magistrale de *Woman King*, rappelle que désormais la communauté africaine-américaine entend reconnecter avec son origine africaine.

[54] Article 10 de la Déclaration des droits de la femme et de la citoyenne.

qui vivent seulement avec leur père sont pauvres contre 46 % de ceux qui vivent avec leur mère[55]. »

Pour échapper au phénomène américain qui a vu Me too confisqué par les vedettes, la France devra aussi veiller à ce que les médiatiques affaires Depardieu ou Gérard Miller n'occultent pas le sort des femmes ordinaires, celles qui ne sont ni célèbres ni glamour. Femmes de ménage, ouvrières, serveuses, elles n'ont ni les moyens de prendre un avocat ni le luxe de perdre leur travail. Victimes isolées et peu familières de leurs droits, elles ne peuvent se permettre de « balancer leur porc », en général un petit chef. Combien sont-elles ces anonymes en proie au harcèlement sexuel au travail et qu'aucun post Instagram ne mentionnera ? 1 femme sur 5, selon le Défenseur des droits[56].

---

[55] « Les familles en 2020 : 25 % de familles monoparentales, 21 % de familles nombreuses », *INSEE Focus*, 13 septembre 2021.

[56] « Harcèlement sexuel au travail | Livret du formateur et de la formatrice », Défenseur des droits, 2014.

III.

Armes, l'exception américaine

Il est environ 12 h 15 ce mardi 24 mai 2022 lorsque le chef de la police de Uvalde, une ville essentiellement latino de 15 000 habitants dans l'ouest du Texas, signale que des coups de feu ont été entendus au sein de l'école primaire Robb.

Ce genre d'annonces est si fréquent aux États-Unis qu'elles n'éveillent pas toujours l'attention. Mais, très vite, les esprits sont frappés par le nombre et l'âge des victimes : 21 enfants de 9 à 11 ans et deux institutrices. Le portrait des cibles, dont le visage enfantin défile sur les écrans, ajoute à l'effroi : parmi eux des *fashionistas* et des artistes, des amateurs de basket-ball et de softball, des danseurs et des créateurs de TikTok. L'une se rêvait biologiste. Un autre préparait le café tous les matins à ses grands-parents. Le mari de l'une des enseignantes, Irma Garcia, avec qui il était marié depuis 24 ans, ne survivra pas à la disparition de son amour de lycée et meurt d'une crise cardiaque deux jours après la tuerie.

Depuis la fusillade de Columbine en 1999, plus de 311 000 enfants ont été victimes de violence armée ; une fusillade de masse étant entendue comme un drame causant la mort ou la blessure d'au moins quatre personnes, 331 écoles ont été concernées, dont Sandy Hook (2012, 27 morts) ou Marjory Stoneman Douglas High (2018, 17 morts).

Dans un pays où la Constitution, en particulier le deuxième amendement, garantit le droit de posséder une arme à feu, un tiers des Américains est armé. Selon l'institut de recherche The Small Arms Survey, 393 millions d'armes circulent dans le pays ; 15 millions de vétérans se trouvent aussi sur le sol américain.

Un refus de légiférer

L'histoire de l'Amérique est scandée du récit sanglant de ces tueries de masse dont elle détient le record international.

Le record mondial des fusillades

Au moment d'Uvalde, et selon le Gun Violence Archive, il y avait eu plus de 300 fusillades de masse depuis le début de l'année 2022, dont celle du supermarché de Buffalo qui avait causé la mort de dix Africains-Américains deux semaines auparavant. À peine deux mois plus tard, c'est une nouvelle fusillade à Highland Park, dans l'Illinois, qui a fait six morts et des dizaines de blessés, et elle n'était que l'une des quatorze fusillades de masse au cours de ce long week-end du 4 juillet. Au moins quatre fusillades de masse ont été relevées chaque semaine de l'année 2022. Selon le *Washington Post*, « les fusillades de masse se sont multipliées ces dernières années. En 2021, près de 700 incidents de ce type se sont produits, un bond par rapport aux 611 en 2020 et 417 en 2019. Avant cela, les incidents n'avaient pas dépassé les 400 par an depuis que les archives de la violence armée ont commencé à suivre en 2014[57]. »

---

[57] « Nothing feels safe: Americans are divided, anxious and quick to panic », Marc Fischer, *The Washington Post,* 5 juillet 2022.

Les fusillades ont touché presque toutes les tranches de la vie américaine : une église noire à Charleston en 2015, un centre à but non lucratif financé par le Gouvernement à San Bernardino en 2015, une discothèque gay à Orlando en 2016, un festival de musique country à Las Vegas en 2017, un lycée à Parkland (Floride) en 2018, une synagogue à Pittsburgh en 2018 aussi, un magasin Walmart à El Paso majoritairement hispanique, suivi quelques heures plus tard d'une fusillade dans une discothèque populaire de Dayton en 2019. Des entreprises de massage asiatiques à Atlanta en 2021.

Uvalde

Cette fois, le choc est immense. Le parcours sanglant du tueur, encore un jeune homme en colère et isolé, interpelle. Les alertes à son sujet n'ont pas manqué. Ce qui frappe, c'est, selon les différents rapports d'enquête qui rapportent des « défaillances systémiques », à quel point ce crime aurait pu être évité.

Juste avant la fusillade, un voisin a entendu le tueur tirer sur sa grand-mère. Il a également informé son correspondant allemand qu'il était en chemin pour s'attaquer à une école primaire. À son arrivée, les enseignants et les employés d'une entreprise funéraire située en face de l'école ont multiplié les appels au 911, numéro d'urgence de la police. Alors que la fusillade avait lieu depuis plus d'une heure, des centaines de policiers, sans direction ni coordination entre eux, ont préféré privilégier leur propre sécurité et celle de leurs enfants plutôt que la vie des élèves et des enseignants. Les procédures d'alerte au sein de l'école elle-même n'ont pas fonctionné[58].

Dans une déclaration depuis la Maison-Blanche le jour même, le président Biden déclare : « Il est temps de

[58] Ce sont les conclusions d'un rapport d'investigation de juillet 2022 publié par la Chambre des représentants de l'État du Texas.

transformer cette douleur en action. Pour chaque parent, pour chaque citoyen de ce pays, nous devons dire clairement à chaque élu de ce pays : il est temps d'agir », avant de se rendre le dimanche suivant sur place. Même l'acteur Matthew McConaughey, natif d'Uvalde, venu exprimer son émotion lors d'une conférence à la Maison-Blanche, a affirmé que, bien qu'il ait été élevé « dans la vénération de la puissance et des capacités de cet outil qu'on appelle une arme à feu », et qu'il soit attaché au deuxième amendement de la Constitution, qui garantit un « port d'arme responsable », il était favorable aux mesures préconisées par le président comme le relèvement de l'âge légal minimum d'accès à ces armes à 21 ans : « Nous voulons une législation grâce à laquelle les sales types ne pourront plus aussi facilement trouver ces satanés fusils. »

Le 25 juin, un mois et un jour après la fusillade meurtrière de Uvalde, Biden promulgue en effet une mesure bipartite pour lutter contre la violence armée. Il s'agit de mieux contrôler les antécédents judiciaires et psychologiques des jeunes de 18 à 21 ans cherchant à acquérir des armes, d'encadrer davantage la vente illégale d'armes et d'augmenter les programmes dédiés à la santé mentale. Si cette législation est la plus avancée adoptée par le Congrès depuis 30 ans grâce à l'implication du sénateur John Cornyn (R-Tex.), co-auteur de la nouvelle loi, elle reste néanmoins minimaliste : les fusils d'assaut ne sont toujours pas interdits et la vérification des antécédents des acheteurs d'armes mineurs ou pas n'est pas obligatoire.

Ce texte a à peine été voté que Robert E. Crimo III, 21 ans, un autre jeune solitaire collectionneur d'armes à feu, est arrêté après avoir assassiné sept spectateurs lors du défilé du 4 juillet à Highland Park, dans l'Illinois. Personne ne croit de toutes les façons que cette loi aurait pu arrêter le tueur : aucune loi n'a empêché Crimo d'acheter des armes à quatre reprises de juin 2020 à septembre 2021 — bien après que la police de Highland Park l'eut signalé comme une menace potentielle en 2019. Il faut dire que les républicains n'ont eu de cesse de dresser des lignes rouges, à l'instar du sénateur républicain du Texas, Ted Cruz, qui a voté contre le texte.

Le blocage du Congrès

À cette aune et tant d'autres, on comprend que ces fusillades de masse résultent moins d'une impuissance collective que du refus de quelques-uns d'y remédier. En effet, pour qu'une loi fédérale soit adoptée, le vote d'une majorité de 60 sénateurs est requis. Souvent discutées au lendemain des fusillades, toutes les tentatives ont fini en échec depuis trois décennies. Attachement au deuxième amendement, absence de majorité au Sénat, veille scrupuleuse de la Cour suprême, poids du lobby pro-armes, les raisons de cette impasse sont nombreuses.

Lorsqu'en 1934, le président Franklin Delano Roosevelt lance le programme « A New Deal for Crime » pour lutter contre les gangs et le crime organisé, le contrôle se traduit surtout par l'interdiction de revendre une arme d'un État à un autre.

À la suite des assassinats de John Fitzgerald Kennedy en 1963 et de Martin Luther King en 1968, le Gun Control Act, adopté sous Lyndon B. Johnson, contraint les armuriers à consigner les ventes d'armes et liste une série d'interdictions (ventes par correspondance, aux mineurs, etc.).

En 1986, le Firearm Owners' Protection Act interdit la vente de nouvelles armes automatiques, capables de tirer en rafale tout en réautorisant la vente d'armes par correspondance.

Depuis, c'est une série de reculs.

D'abord, en 1993, avec la loi Brady, du nom de James Brady, attaché de presse de Ronald Reagan, blessé lors de la tentative d'assassinat du président en 1981, qui imposait une vérification des antécédents des acheteurs d'armes à feu ainsi qu'un délai de cinq jours après l'achat. Dès sa promulgation, la National Rifle Association (NRA), la jugeant inconstitutionnelle, engage des poursuites dans une dizaine d'États, de la Louisiane au Wyoming, jusqu'à sa révision par la Cour suprême des États-Unis dans l'affaire Printz v. United States en 1997 pour cause de violation du dixième amendement et notamment des concepts de fédéralisme et d'exécutif unitaire, laissant la vérification des antécédents aux mains des seuls États.

Ensuite, votée sous Bill Clinton en 1994, la loi interdisant les armes d'assaut ne l'avait été que pour dix ans, le Congrès refusant de la renouveler en 2004. La plupart des républicains arguent que de nouvelles restrictions auraient peu d'impact sur la fréquence des tirs de masse et remettraient en cause le droit constitutionnel des Américains à détenir des armes.

Alors que la tuerie de Virginia Tech, en avril 2007, cause 32 morts, un compromis bipartisan est adopté : les États sont invités à mettre à jour, contre subvention, le contrôle des antécédents des acheteurs. Il faut dire que le meurtrier avait pu acheter des armes malgré un séjour en hôpital psychiatrique, car la base de données n'était pas actualisée. Mais l'impact de cette loi sera limité par les nombreuses concessions faites à la NRA.

Sandy Hook en 2012 ne change rien. Une vingtaine d'enfants peuvent mourir sans que cela pousse le Congrès à changer sa législation sur les armes à feu. Après 200 réunions sous la direction du vice-président Biden puis l'annonce de 23 actions exécutives par le président Obama (lancement d'une campagne nationale sur la possession responsable d'armes à feu ; formation des forces de l'ordre et des responsables scolaires, lancement d'un débat national sur la santé mentale), on aboutit en avril 2013 à un compromis rendant obligatoire la vérification des antécédents avant l'achat en ligne et dans les foires. Échec au moment du vote : 46 élus, dont cinq sénateurs démocrates[59], votaient contre le projet de loi Manchin-Toomey[60] de contrôle des armes à feu. « Jour honteux pour Washington », dira Obama.

Après Sutherlands Springs (25 morts) en novembre 2017, nouvel échec devant le Congrès du texte porté par la sénatrice démocrate de Californie Dianne Feinstein, pour l'interdiction de la production, de la vente et du commerce d'armes militaires.

Après la tuerie de Las Vegas (58 morts) en octobre 2017, le Congrès recule et demande à l'ATF[61], l'agence fédérale chargée de réguler les armes à feu, d'agir sur les « bump stocks[62] ». À la suite d'Orlando en juin 2016 (49 morts), le Sénat examine deux propositions démocrates interdisant aux personnes suspectées de terrorisme d'acquérir des armes à feu pour l'une, et généralisant la vérification des antécédents criminels et psychiatriques, pour l'autre. Le projet n'obtient pas les 60 voix requises.

San Bernardino (14 morts), en décembre 2015 pousse Obama à agir sans attendre le Congrès : désormais les vendeurs d'armes en ligne ou dans les foires devront avoir une licence et procéder à des vérifications sur le profil des acheteurs. La Sécurité sociale devra aussi informer de l'identité de ses allocataires souffrant de maladies mentales, mais, juste après l'élection de Donald Trump, les républicains reviennent sur

---

[59] Max Baucus du Montana, Mark Begich de l'Alaska, Heidi Heitkamp du Dakota du Nord, Mark Pryor de l'Arkansas et Harry M. Reid du Nevada.

[60] Du nom des deux sénateurs, Joe Manchin III (D-W.Va.) et Patrick J. Toomey (R-Pa.), qui ont négocié le projet de loi.

[61] Le Bureau de l'alcool, du tabac, des armes à feu et explosifs (Bureau of Alcohol, Tobacco, Firearms and Explosives (BATFE) est communément appelé ATF.

[62] Les « bump stocks » sont une modification de l'arme qui permet à un fusil de tirer en rafales quasi automatiques.

cette disposition au motif qu'elle touchait aussi les personnes sous tutelle pour des raisons financières.

En août 2019, après des fusillades d'El Paso et de Dayton, qui ont fait 32 morts et des dizaines de blessés, les discussions pour l'extension de la vérification des antécédents à toutes les ventes commerciales avec le procureur général de l'époque, William P. Barr, ont buté sur des considérations politiques : la tension entre Biden et Trump sur l'affaire Zelensky[63]. D'autres occasions se sont présentées sous Trump, mais en vain, comme après la tuerie du Strip de Las Vegas lors d'un festival de musique country en octobre 2017, la plus meurtrière de l'histoire des États-Unis (59 morts), avec l'interdiction des « bumps stocks ». Mais ils sont à nouveau autorisés en 2021.

En 2018, après l'assassinat de 17 personnes le 14 février, à l'école secondaire Marjory Stoneman Douglas à Parkland, en Floride, une mobilisation inédite des jeunes rescapés contre les armes à feu avait frappé les esprits. L'une des dirigeantes du mouvement, Emma Gonzales, expliquait :

> « Les politiciens assis sur leurs trônes financés par la NRA nous disent que rien n'aurait pu être fait pour prévenir le massacre. Foutaises. Ils disent que des lois plus strictes ne diminuent pas la violence. Foutaises. Ils disent que les armes à feu sont aussi dangereuses que les voitures. Foutaises. »

Trump avait alors averti ses collègues républicains qu'ils ne pouvaient pas être « pétrifiés » par le puissant groupe d'armes à feu, la NRA, avant d'accueillir le mois suivant Chris Cox, le lobbyiste en chef de la NRA dans le Bureau ovale et de qualifier sa réunion avec lui de « géniale », brisant

[63] En septembre 2019, le *Washington Post* révèle que le président Donald Trump aurait demandé en juillet au président ukrainien Volodymyr Zelensky d'enquêter sur le fils de Joe Biden, Hunter, qui siège depuis 2014 au sein du conseil d'administration du groupe gazier ukrainien, Burisma.

tout espoir de réforme. Deux mois après, il participait au Congrès annuel de la NRA. Pour la quatrième fois consécutive. Il est même le seul président à l'avoir fait en trente ans. Il est vrai qu'en 2016, il a reçu de la NRA plus de fonds — 30 millions de dollars — que n'importe quel candidat à la présidence dans l'histoire. Même chez les républicains, on ne s'affichait plus avec la NRA : dans une lettre sans concession, l'ancien président George Bush père avait démissionné de son statut de membre à vie de la NRA en 1995, « outragé » après que le vice-président exécutif de l'organisation, Wayne LaPierre, ait comparé des agents fédéraux à des « voyous bottés », porteurs de « casques nazis et d'uniformes noirs de troupes d'assaut » voulant « attaquer des citoyens respectueux de la loi[64] ».

Aux sources de la « routine »

Comment expliquer la « routine » des fusillades, selon le mot terrible de Barack Obama ?

Un droit fondamental

Aux États-Unis, la possession d'armes ne fait pas simplement l'objet d'une autorisation, c'est un droit fondamental. Figurant parmi les dix amendements les plus sacrés de la Déclaration des droits, jamais modifiés, le deuxième amendement a été ratifié en 1791 après la guerre d'indépendance dans un pays alors essentiellement composé de milices, car la police y était rudimentaire : « Une milice bien organisée étant nécessaire à la sécurité d'un État libre, le droit qu'a le peuple de détenir et de porter des armes ne sera pas transgressé[65]. »

[64] Lettre de démission de la NRA en date du 3 mai 1995 par le président George H. W. Bush.
[65] *« A well-regulated militia, being necessary to the security of a free State, the right of the people to keep and bear Arms, shall not be infringed »*, deuxième amendement de la Constitution des États-Unis.

L'ayant emporté sur le colon britannique grâce à l'armement des milices privées alors même que le roi George III avait demandé la saisine des armes, les États-Unis consacrent le port d'armes. Les armes privées ont donc joué un rôle crucial dans la naissance des États-Unis. L'absence de police a mis chacun face à ses responsabilités devant les dangers encourus — les Indiens, les brigands, les bêtes sauvages. Près de 15 millions de chasseurs sont alors répertoriés dans le pays.

Bien que le contexte ait radicalement changé, ainsi que la technologie, qui rend les armes plus meurtrières qu'il y a 400 ans, l'obsession, voire la culture des armes demeure profondément ancrée. On continue à penser qu'on est responsable de sa propre sécurité, dans ce pays trop grand pour assurer une présence policière partout — et pour cela, les Américains ne comptent pas sur l'État. Tocqueville avait avec justesse décrit cette société aux corps intermédiaires assez distants[66]. L'industrie de l'armement s'étant beaucoup développée, elle représente près de 15 milliards de dollars en revenus annuels. La grande distribution, comme Walmart, vend des armes non loin des rayons d'alimentation générale. Premier fabricant d'armes, les États-Unis sont également parmi les premiers importateurs du Glock, le principal pistolet vendu dans le pays.

Le héros américain d'Hollywood

Au-delà de l'économie, les armes sont un objet culturel, voire un fait de civilisation[67]. Il suffit de penser à la conquête de l'Ouest, au héros américain d'Hollywood, toujours armé, à ces générations de jeunes Américains qui, à l'inverse de leurs congénères européens, ont toujours participé à des guerres, du

---

[66] Alexis de Tocqueville, *De la démocratie en Amérique*, Gosselin, 1835-1840.

[67] André Kaspi, *La nation armée, les armes au cœur de la culture américaine,* Éditions de l'Observatoire, 2019.

Vietnam à l'Afghanistan, et surtout aux « gun shows », ces foires – 5 000 par an — qui sont l'occasion de venir en fin de semaine s'exercer au tir en famille, avec les enfants et de s'acheter des armes, pas seulement à collectionner. Stades, hôtels, centres commerciaux, les démonstrations (*gun shows*) sont de vastes expositions temporaires sponsorisées et permettant aux Américains – 2 500 à 15 000 participants par événement — de s'acheter des armes semi-automatiques, des tasers, des couteaux. On y fait des démonstrations d'assemblage, du tir. Des boutiques expliquent la réglementation, d'autres comment préserver le gibier sauvage pour la consommation. La NRA et son immense réseau territorial supervisent le tout.

Fondée en 1871 par deux officiers de l'armée de l'Union qui ont été surpris par le manque de compétences au tir des soldats pendant la guerre civile, la NRA a d'abord eu pour objectif d'offrir une formation sur les armes à feu. Le port d'armes ne faisait alors pas nécessairement partie des priorités des conservateurs. Le tournant est pris dans les années soixante-dix avec la valorisation des valeurs masculinistes que la guerre froide a renforcée. En 1975, elle se dote d'un groupe de pression, l'Institute for Legislative Action. La défense du deuxième amendement devient l'objectif principal. Il faudra attendre la toute fin des années 1970 pour que la NRA s'oppose farouchement à toute réglementation en matière d'armes à feu. Chez les élus républicains, puisque Ronald Reagan était favorable au contrôle des armes à feu, la défense de la possession d'armes ne fera son apparition dans le programme républicain qu'en 1988.

Après l'adoption de deux lois majeures sur le contrôle des armes à feu au niveau national en 1993, la NRA élargit sa rhétorique aux prétendus excès du Gouvernement en matière de contrôle des armes. L'une de ses revues, *America's First Freedom*, publiée pour la première fois en 1997 pour attirer de nouveaux membres, symbolise cette orientation offensive et conservatrice. Aujourd'hui, on estime qu'environ 6 % des propriétaires d'armes à feu appartiennent à cette organisation. Leur nouvelle cible commerciale : les femmes.

Faisant fi de l'impact meurtrier d'armes à feu facilement accessibles, la NRA clame que « ce ne sont pas les armes qui tuent. Ce sont les gens ! » Pour protéger les écoles, elle estime que seul un homme armé — y compris l'instituteur en classe — peut en arrêter un autre. Plutôt que l'interdiction des armes, la NRA pense que l'effort devrait plutôt porter sur la prise en charge des troubles psychologiques (si tant est que tous les tireurs aient de tels problèmes), alors même que, selon les démocrates, leurs alliés républicains se sont massivement opposés à la politique de sécurité sociale d'un Obama, qui l'aurait permise.

Pourtant, il n'y a pas de fatalité sur cette question.

Un choix politique

En Nouvelle-Zélande, après l'attentat de Christchurch qui a coûté la vie à 50 personnes le 15 mars 2021, le gouvernement a pris des mesures radicales interdisant les fusils d'assaut et les armes semi-automatiques.

Au Japon, les armes sont strictement contrôlées depuis plus de 300 ans. La nouvelle Constitution japonaise, élaborée sous l'influence des États-Unis en 1947, énonce que nul n'a le droit de posséder une arme à feu ou un sabre. Conséquence, le nombre de personnes tuées par balle chaque année se compte sur les doigts d'une main. En 2017, ils étaient 3 ! La même année, 42 personnes étaient tuées chaque jour aux États-Unis.

Les Américains le savent. S'ils n'y remédient pas, c'est bien parce qu'ils ne le souhaitent pas, et cela au-delà des cercles de la NRA ou même des républicains. En 2019, la démocrate Kamala Harris clamait fièrement détenir une arme comme s'il s'agissait de quelque chose à revendiquer. En Amérique, même démocrate, on ne cherche pas toujours à interdire les armes, seulement à les contrôler. Les Américains n'ont pas la même conception de la liberté que les Français, les Japonais ou les Néo-Zélandais. Dans ce domaine, il y a une exception américaine.

Alors, Biden, qui avait fait du contrôle des armes à feu une des clés de sa campagne présidentielle, utilise les seuls moyens — limités — à sa disposition. En juin 2021, il a ainsi annoncé un plan de sauvetage pour la sécurité publique, affirmant que 10 milliards de dollars de cette législation ont déjà été utilisés pour la prévention du crime. Il a également tenté de convaincre le Sénat de confirmer la nomination d'un directeur de l'ATF — un poste sans chef confirmé par le Sénat depuis 2015.

Le peuple contre les juges

Du côté des républicains, à l'immobilisme obstiné du Congrès répond l'activisme de la Cour suprême.

Une lutte rendue difficile

Folle semaine... Quelques jours après la révocation de *Roe*, les juges continuant de dérouler leur offensive idéologique, prennent le contrepied de la loi bipartisane du 25 juin sur les armes en renforçant l'autorisation du port d'armes à l'extérieur du domicile. Ils décident d'invalider une loi new-yorkaise vieille de 109 ans qui stipulait que seules les personnes qui pouvaient démontrer un besoin impérieux de porter une arme à feu en dehors de leur domicile pouvaient le faire.

Ce faisant, ce sont les législations restrictives de plusieurs États comme la Californie, le New Jersey ou le Massachusetts qui vont devoir se conformer à cette nouvelle position de la Cour.

« Le 2e et le 14e amendement de la Constitution protègent le droit d'un individu à porter une arme de poing pour sa propre défense à l'extérieur de son domicile », écrit le juge Clarence Thomas dans une décision, à six contre trois (comme pour *Roe*), transmise le 23 juin[68]. Il ajoute que les États restaient libres d'interdire les armes dans les lieux sensibles, en donnant quelques exemples : écoles, bâtiments gouvernementaux, assemblées législatives, bureaux de vote et palais de justice.

Pour les amateurs d'armes à feu qui ont salué la décision, c'est au Gouvernement qu'il incombe de justifier les restrictions, et non à l'individu de justifier auprès du Gouvernement la nécessité d'exercer ses droits. « Qu'en est-il des métros, des discothèques, des cinémas et des stades sportifs ? » écrit le juge Stephen G. Breyer, pointant les lacunes de cette décision. « Le tribunal ne le dit pas. » « Jour sombre », déplore Kathy Hochul, la gouverneure de New York, à l'origine de la loi qui limitait le port d'armes en dehors du domicile.

Comme le rappelle le chercheur de l'université de Stanford, expert reconnu sur la question, John

J. Donohue, au cours des cinq dernières années, plus d'une douzaine d'études empiriques ont conclu que les lois sur le droit de porter des armes augmentent les crimes violents[69]. Ainsi, sur les 47 plus grandes villes américaines, celles qui ont libéralisé le port d'armes ont connu une augmentation d'environ 30 % des crimes violents liés aux armes à feu. Ce serait donc un mythe que de vouloir faire croire que l'armement d'honnêtes citoyens renforce la sécurité publique. En retirant un outil important de lutte contre la criminalité aux quelques États qui avaient encore des lois restrictives sur le

[68] Affaire New York State Rifle & Pistol Association c. Bruen, nº 20-843.
[69] « More guns, more unintended consequences: the effects of right to carry on criminal behaviors and policing in US cities », John Donohue, *Bureau of Economic Research*, 2022.

port d'armes à feu, la Cour suprême a rendu la lutte contre la criminalité encore plus difficile.

Des Américains favorables au contrôle des armes

Les juges conservateurs, tout à leur agenda politique, n'ont pas non plus craint de prendre aussi le contrepied de l'opinion.

Car, dans leur grande majorité, les Américains se prononcent en faveur du contrôle des armes. Après Uvalde, en juin 2022, ils confirment massivement leur approbation du contrôle des armes[70]. Alors qu'elles étaient 34 % en mars 2021, seules 29 % des personnes interrogées pensent que la protection du droit de posséder des armes à feu devrait primer sur le contrôle des armes à feu. Et, dans les faits, c'est ce qui se produit : l'opinion minoritaire s'est tellement imposée que jamais jusqu'à présent le contrôle des armes à feu n'a pu s'imposer. Comme pour l'avortement.

Les droits de la minorité avant tout

L'effondrement de la confiance des Américains dans la Cour suprême, désormais impopulaire aux yeux de la majorité, n'y a rien changé.

Même avant *Roe*, les Américains étaient méfiants et étaient 53 % à désapprouver son action en septembre 2021 (dix points de plus en un an[71]). Il est vrai que depuis l'élection présidentielle très disputée entre George W. Bush et Al Gore en 2000 et, plus récemment, les interventions controversées de l'épouse du juge Thomas pour faire annuler l'élection présidentielle de 2020, les décisions des juges suprêmes font débat. D'ailleurs, elle pratique de plus en plus le *shadow docket*, une procédure accélérée pour répondre aux recours rendus plus fréquents avec la polarisation croissante du Congrès.

---

[70] Enquête ABC News/IPSOS, juin 2022.
[71] Sondage Gallup, juin 2022.

Que l'Amérique minoritaire arrive à imposer son point de vue à l'ensemble du pays, sur les armes comme sur l'avortement, grâce à l'activisme de ses juges suprêmes, est une source d'étonnement, mais s'explique par un système institutionnel dont l'originalité repose sur la volonté — contre-intuitive en démocratie — de protéger les droits de la minorité.

Le fédéralisme garantit la liberté aux États. Dans une sorte d'harmonieuse — car égale — rivalité, impensable en France, la séparation des pouvoirs limite le pouvoir du président qui lui-même limite celui du Congrès qui lui-même est susceptible de limiter celui de la Cour suprême. Si le président nomme (juges, ambassadeurs, membres du Gouvernement ou des agences fédérales), le Sénat confirme. Clemenceau en témoignait déjà dans ses *Lettres des États-Unis*, ce 25 septembre 1867 : « Le Congrès peut prendre le président par l'oreille, et le déposer quand bon lui semble sans que celui-ci ne puisse rien faire sinon se débattre et crier. »

Tout comme la Constitution comporte des dispositions capables d'empêcher la mise en place d'un pouvoir autoritaire : « Il y a des procédés indiqués par la Constitution pour amener le président à la barre des représentants du peuple, l'obliger à rendre compte de sa conduite et à être déposé ou absout suivant le cas » (*Le Temps* 1er mai 1869).

Si le président est le commandant en chef (« commander in chief »), seul le Congrès peut garantir le budget militaire et même déclarer la guerre. Même entre elles, les deux chambres du Congrès se contrôlent : les projets de loi doivent être adoptés sous la même forme avant transmission au président qui peut y mettre un véto que peut contrecarrer un vote des deux tiers du Congrès. Le Gouvernement ne peut non plus engager des dépenses s'il n'a pas de budget suffisant. Trump a souvent mis en exécution cette procédure de blocage. En novembre 2018, il a refusé de signer le budget fédéral proposé par le chef des républicains du Sénat, Mitch O'Connell, au motif qu'il n'incluait pas les 5 milliards nécessaires à la construction d'un mur anti-immigration à la frontière mexicaine. Résultat et conséquence impensable en France : ce fut le *shutdown* le plus long de l'histoire. Le Gouvernement a été « fermé », et les 800 000 fonctionnaires n'ont pas été payés pendant trois semaines. Cette situation s'est déjà produite à plusieurs reprises, une fois sous Ford (1976), cinq fois sous Carter (1977-1979), huit fois sous Reagan (1981-1987), une fois sous Bush (1990), trois fois sous Clinton (1995-1996) et une fois sous Obama (2013).

Sous la présidence Biden, le blocage est venu d'un seul homme. Un démocrate, de surcroît : le sénateur Joe Manchin III de Virginie-Occidentale. Jusqu'au 16 août 2022 avec l'entrée en vigueur de la loi sur la réduction de l'inflation de 2022 (Inflation Reduction Act), Manchin n'a eu de cesse, dans un Sénat divisé à 50/50 entre démocrates et républicains, de constituer une minorité de blocage à lui seul. Cette fois, il ne s'agissait ni des droits des femmes ni des armes, mais du troisième combat civilisationnel porté par les ultra-conservateurs : le climat. Le sénateur Manchin, dont les campagnes électorales ont été, plus que pour tout autre sénateur, financées par l'industrie pétrolière et gazière et qui est devenu millionnaire grâce à son entreprise familiale de charbon, a, d'abord, fait échouer un plan contraignant les centrales électriques à nettoyer leur pollution à l'origine du réchauffement climatique. Ensuite, il a empêché l'adoption de mesures de soutien d'achat de véhicules électriques par les consommateurs. Et, enfin, il s'est refusé à soutenir les incitations gouvernementales au développement d'entreprises solaires et éoliennes.

Dans un pays qui est le plus grand émetteur par tête de gaz à effet de serre, ce qui a amené le président Biden à promettre au reste du monde de réduire ces émissions américaines de moitié d'ici 2030, l'entêtement de Manchin, couplé au refus inébranlable de l'opposition républicaine, avait pendant longtemps condamné les chances que le Congrès adopte une nouvelle loi. Comme pour *Roe* et le contrôle des armes, la majorité des Américains soutient les efforts du Gouvernement en matière de lutte contre le réchauffement climatique[72] : ils sont même 58 % à estimer qu'il en fait trop peu alors même que la Cour suprême a limité la capacité de l'Agence de protection de l'environnement à réglementer les émissions de carbone des centrales électriques.

De la violence politique

Dans une telle société, où la majorité est sans cesse mise en minorité, et où les armes circulent, la violence politique gagne inéluctablement du terrain depuis une vingtaine d'années.

«Fight!», «Fight[73]!»

Dans les États-Unis d'aujourd'hui, pas un jour sans des menaces de mort sur les élus et les juges. Un cap a été franchi avec la tentative d'assassinat de l'ancien président et candidat à la présidentielle de 2024, Donald Trump, le 13 juillet 2024 dans la petite ville de Butler, en Pennsylvanie. C'est que la violence politique est une vieille histoire aux États-Unis. Quatre présidents américains ont été assassinés : Abraham Lincoln, James Garfield, William McKinley et John Fitzgerald Kennedy. Une quinzaine de tentatives d'assassinat ont eu lieu sur des présidents comme Franklin Delano Roosevelt ou Ronald Reagan.

---

[72] Enquête Pew research, mai 2022.

[73] Ce sont les mots prononcés par Donald Trump, le poing levé, au moment de son évacuation de la scène du meeting de Butler (Pennsylvanie) le 13 juillet 2024.

La vie politique est entrée dans une nouvelle phase, celle de la violence physique. Et, de plus en plus de citoyens approuvent : ils sont un cinquième des Américains à justifier la violence politique dans certaines circonstances, 3 % à estimer qu'elle est toujours ou habituellement justifiée[74].

Résultat : en juillet 2022, c'est un homme qui a été arrêté devant le domicile de l'élue démocrate du Congrès Pramila Jayapal qu'il agonissait d'injures racistes et menaçait de tuer. Deux semaines plus tard, un autre a attaqué au couteau son collègue républicain, Lee Zeldin, qui concourrait au poste de gouverneur de New York. Un mois auparavant, un autre a voyagé depuis la Californie pour arriver dans le Maryland avec l'objectif de tuer le juge de la Cour suprême, Brett Kavanaugh. En octobre 2022, c'est Paul Pelosi, le mari de Nancy, qui est attaqué au marteau dans sa maison de San Francisco. Passant de 3 939 en 2017 à 9 625 à l'été 2022 selon la police du Capitole[75], les menaces contre les membres du Congrès ont atteint un tel niveau qu'en juillet 2022 la décision a été prise d'allouer aux élus de la Chambre des représentants un budget supplémentaire de 10 000 dollars pour leur sécurité alors même qu'ils continuaient à enquêter sur l'attaque du Capitole du 6 janvier 2021[76].

Plus nouveau : les assesseurs aux élections témoignent désormais d'une hausse des menaces à leur encontre : ils sont 77 % à le penser et ils sont un sixième à en avoir reçu à cause de leur travail[77].

---

[74] *Views of American Democracy and Society and Support for Political* Violence, Étude de l'université de Californie, Davis, mai 2022.

[75] « Capitole police : threats against Congress dropped in 2022, remains high », Darryl Coote, *UPI*, 17 janvier 2023

[76] « Paul Pelosi attack highlights rising threats to lawmakers », *AP*, 28 octobre 2022.

[77] Enquête de Brennan Center for Justice, mars 2022.

Une rhétorique de plus en plus agressive

La spécificité américaine provient du fait que cette violence a été relayée politiquement, au plus haut niveau, notamment par Trump qui, dès 2016, affirmait vouloir payer les frais d'avocat d'un militant coupable d'agression lors d'une de ses manifestations, longtemps avant l'attaque du Capitole.

Des enregistrements audios de conversations privées, diffusés par le *New York Times* en avril 2022, ont ainsi révélé que l'ancien chef des élus républicains de la Chambre des représentants, Kevin McCarthy, exprimait des craintes sur l'impact de la rhétorique violente de certains républicains sur les militants, encouragés ainsi à passer à l'acte. D'autres, à l'inverse, ont confidentiellement exprimé leur réticence à voter en faveur de la destitution de Trump en raison des menaces reçues au téléphone ou sur les réseaux sociaux. Pour preuve de la nouvelle direction ainsi prise : environ 75 % des 450 meurtres politiques survenus aux États-Unis au cours de la dernière décennie sont venus de ce bord-là, selon une étude menée par la Ligue anti-diffamation (anti-Defamation League), une organisation américaine anti-raciste créée en 1913.

En comparaison, les extrémistes musulmans étaient responsables d'environ 20 % des meurtres, et les extrémistes de gauche de 4 %.

Loin de la condamner, une partie non négligeable du personnel politique encourage cette rhétorique. De l'élue du Congrès Marjorie Taylor Greene qui, en 2018, soutenait l'idée d'exécuter Barack Obama auprès de son collègue Paul Gosar qui, en novembre 2021, a publié une vidéo animée pour se représenter en train de tuer l'élue Alexandria Ocasio-Cortez, à Greg Gianforte, candidat (victorieux) au poste de gouverneur du Montana qui a agressé en mai 2017 un journaliste du *Guardian*, aucun de ces élus républicains n'a été sanctionné par le parti.

Comme l'écrit Tom Nichols :

> « Lorsque suffisamment d'Américains décident qu'un culte de la personnalité compte plus qu'un engagement en faveur de la démocratie, nous risquons de devenir une autocratie sans loi. C'est pourquoi nous devons continuer à exiger que Trump et ses facilitateurs fassent face aux conséquences de leurs actions : céder face aux menaces signifie la fin de la démocratie[78]. »

[78] « The new area of political violence is here », Tom Nichols, *The Atlantic*, 15 août 2022.

IV.

La première puissance économique mondiale

Le 11 juillet 2022 à 23 h, c'est la foule des grands jours à la Maison-Blanche. Dans l'auditorium du bâtiment Eisenhower, le président Joe Biden et l'administrateur de la NASA, Bill Nelson, sont venus saluer un jour « historique » et, après des années d'attente, dévoiler la première image en couleur du télescope spatial *James Webb*, du nom de l'administrateur de la NASA des années soixante à l'époque d'Apollo : Webb's First Deep Field.

L'origine de la vie

L'engin vient de saisir une partie de la première lumière apparue lors du *big bang*. L'aube des temps. Dès le lendemain, c'est un festival d'images bouleversantes : nébuleuses, falaises cosmiques, quintettes, spectres et un univers qui s'évalue à des centaines de millions d'années-lumière. Formation des étoiles après le big bang, apparition des premières galaxies, détermination des planètes habitables. L'origine de la vie. Les découvertes qui se préparent, grâce au télescope *James Webb*, sont infinies. Les scientifiques apparaissent surtout impressionnés par la nébuleuse Carina, un vaste nuage de poussière et d'étoiles tourbillonnant dans la Voie lactée. Dans l'œil de l'infrarouge, elle ressemble à une falaise parsemée de centaines d'étoiles que les astronautes voient pour la première fois. Beaucoup d'inconnues, de découvertes à sonder puis à expliquer.

Conçu et développé par la NASA depuis le Maryland, lancé le 25 décembre 2021 sur la fusée *Ariane* en Guyane française, le plus grand télescope optique dans l'espace, en orbite à 1,5 million de kilomètres de la Terre, depuis janvier de cette année-là, vient de ramener une formidable photographie des galaxies apparues il y a plus de 13 milliards d'années. Même *Hubble* n'avait jamais été aussi loin dans l'observation d'objets qui remontent aux débuts de notre univers. Grâce à sa technologie infrarouge, c'est une ère nouvelle qui s'ouvre pour l'astronomie mondiale. Un bouleversement pour l'humanité.

Ce n'est pas tellement la qualité de l'image qui frappe — il y en a eu tant de belles notamment de l'instrument SPHERE du *Very Large Telescope* (*VLT*) de l'ESO — que les progrès des techniques de précision. On voit désormais ce que notre myopie soupçonnait. « L'univers, c'était là-bas, nous n'avions qu'à construire un télescope pour aller voir ce qu'il y avait là-bas », déclare de manière mémorable la scientifique du projet Jane Rigby lors d'une conférence de presse le 12 juillet 2022 au Goddard Space Flight Center de la NASA, lorsque le premier lot d'images a été publié.

Malgré la technicité des détails révélés, le monde comprend, à observer l'émerveillement des experts, qu'un cap a été franchi. Au-delà des attentes. Le télescope a aussi détecté des vapeurs d'eau et des nuages. L'humanité renoue avec le fil de ses grandes épopées spatiales. Et les scientifiques, prenant des accents de théologiens, ne savent plus quoi penser : où commence et où finit l'univers ? En verra-t-on jamais la totalité ? Y a-t-il une vie ailleurs que sur Terre ? On cible déjà

Trappist-1, une étoile qui a plusieurs planètes dans sa zone d'habitabilité.

Après avoir parcouru près d'un million de kilomètres pour finir par voir au-delà de la Lune, le télescope spatial *James Webb* passera désormais des années à observer le cosmos, si ses 18 miroirs plaqués or résistent aux frappes des micrométéorites.

Même si ce projet a nécessité le concours de l'agence spatiale européenne et de l'agence spatiale canadienne, c'est une prouesse américaine. Elle a coûté dix milliards de dollars — bien plus que ce qui était prévu — et nécessité plus de deux décennies de labeur. L'aventure spatiale américaine continue. Et comme celle du premier homme sur la Lune, une génération va l'accompagner.

L'Amérique fait toujours rêver

L'Amérique a beau être secouée ; elle reste fascinante par sa capacité à se réinventer, à innover, à indiquer la voie de demain.

Innovation et créativité

Terre d'innovation et de création, elle le demeure et continue à donner le ton des futurs possibles. NASA, Hollywood, MIT, Harvard, mais également Netflix, Chat GPT : aux symboles traditionnels du *soft power* américains sont venues s'ajouter les nouvelles étoiles de la technologie et de la création. Une société civile vibrante, inventive, entraînante, continue de livrer les plus futuristes des combats de l'humanité et de faire rêver les jeunesses du monde qui veulent y faire leurs études, les marginaux qui veulent y repartir à zéro, les rêveurs qui continuent à penser que, lorsqu'on veut réussir, c'est en Amérique qu'il faut aller. Sous l'effet d'investissements massifs initiés par le président Biden, l'Amérique se réindustrialise, y compris dans les États habituellement sinistrés du Nord-Est, et réussit à combiner une production énergétique record dans le pétrole et le gaz et des réalisations inédites dans le renouvelable.

Les États-Unis restent une solide première puissance économique mondiale. C'est un fait depuis le début du XXe siècle qui a été l'histoire de la montée de leur hégémonie et qui a vu le pays d'abord dépasser la production agricole et industrielle de la Chine en 1890 puis celle des pays européens vingt ans plus tard. Aujourd'hui, les États-Unis sont à l'origine d'un cinquième de la production mondiale avec environ 26 900 milliards de dollars, loin devant la Chine (19 400 milliards), pourtant quatre fois plus peuplée. L'ordre mondial issu de la Seconde Guerre mondiale puis la guerre froide, d'où les États-Unis sont sortis doublement victorieux, ont achevé de consacrer la suprématie économique, technologique, monétaire — symbolisée par le consensus libéral de Washington autour des institutions de Bretton Woods — et militaire des États-Unis, puissance nucléaire de premier plan. Ils restent également l'économie la plus compétitive et conservent un revenu par tête plus élevé (73 399 dollars) que la France (55 493 dollars) et la Chine[79] (21 476 dollars).

La Chine, désignée comme rivale principale, voit ses fondamentaux se dégrader. Ainsi, alors que la population active américaine augmente grâce à l'immigration, la population chinoise, elle, est en baisse pour la première fois depuis la famine de 1961 (- 850 000 personnes en 2022), vieillissante (avec un triplement des plus de 65 ans en 50 ans) et moins active (7 millions d'actifs en moins par an[80]. Déjà, la Chine a été détrônée par l'Inde et n'est plus le pays le plus peuplé du monde. Le taux de chômage des jeunes (supérieur à 20 %) et

---

[79] Banque mondiale pour l'année 2022.

[80] Perspectives démographiques mondiales 2022, Organisation des Nations unies.

l'endettement des entreprises et des collectivités du pays (près de 200 % du produit intérieur brut — PIB) explosent.

C'est à leur capacité d'innovation que les États-Unis doivent ce formidable maintien.

Celle-ci s'inscrit d'abord dans la géographie des villes américaines : les symboles de la puissance américaine s'étendent désormais vers l'intérieur, dans ces villes intermédiaires en pleine croissance ou en rémission, sous l'impulsion du tourisme (en Floride), de la recherche universitaire (Houston, Pittsburgh) et de l'industrie (Chicago, Detroit), y compris spatiale (comme dans la petite ville texane, Boca Chica).

Un dollar hégémonique

Mais il n'y a guère de pôle de domination plus résistant que le dollar américain. Il n'avait déjà fallu que trois décennies après sa première impression, en 1914, et deux guerres mondiales, pour en faire la clé de voûte du commerce mondial.

Aujourd'hui, ni la crise financière de 2008, ni la pandémie de Covid-19, ni les sanctions contre la Russie, avec des menaces de création de monnaies concurrentes, n'ont eu raison de la domination du billet vert. Selon le FMI, si le niveau des réserves des banques centrales en dollars a chuté de 71 % en 1999 à 59 % en 2021, sur les 13 000 milliards d'actifs de réserves détenus par ses pays membres, 7 000 le sont en dollars, 2 500 en euros, 671 en yens, 576 en livres sterling et 336 en yuan. Quasiment la moitié (45 %) des paiements internationaux se fait en dollars, contre 33 % en euros et à peine 1 % pour le yuan. Aucune de ces monnaies ne constitue une alternative sérieuse au dollar[81]. Avec le coût

[81] « Dollar Dominance and the Rise of Nontraditional Reserve Currencies », Serkan Arslanalp, Barry Eichengreen, Chima Simpson-Bell, *Fonds monétaire international*, 1er juin 2022.

élevé de ses opérations, l'insuffisant taux de croissance de la zone euro, la faiblesse des eurobonds, l'absence de marché commun de la dette européenne et les problèmes de gouvernance, l'euro – 20 % des réserves de change mondiales – n'a jamais été, jusqu'à présent, en situation de concurrencer le dollar. Le yen japonais a été entravé, du moins jusqu'ici, par le lent déclin de l'économie japonaise. Les droits de tirage spéciaux du FMI ne sont, quant à eux, pas une monnaie de transaction. Avec seulement 2 % des réserves mondiales, le yuan n'est pas une monnaie de réserve et reste empêché par les dispositifs de contrôle des capitaux et le caractère primitif des marchés financiers chinois. Au demeurant, c'est en dollars que les banques chinoises financent la route de la soie.

Pour les États-Unis, ce « privilège exorbitant », selon la vieille expression du président français Valéry Giscard d'Estaing, a pour conséquence de leur permettre d'exercer un pouvoir de sanction financière contre des États, de la Russie à l'Iran, mais aussi des entreprises européennes comme l'ont expérimenté Alstom, Crédit suisse, Total, ENI, Barclays, HSBC, Deutsche Bank ou encore Volkswagen... sous des motifs variés. La BNP Paribas s'est ainsi vu infliger en 2014 une amende record de près de 9 milliards de dollars pour avoir violé l'embargo américain entre 2000 et 2010 sur Cuba, le Soudan et l'Iran.

Un héritage protestant venu des colons anglais et une persistante tradition messianique ont produit une cascade de lois extraterritoriales punitives, comme le Foreign Corrupt Practices Act (FCPA) de 1977, les lois Hems-Burton de mars 1996 adoptées après la destruction d'aéronefs par des avions cubains, ou encore les lois d'Amato-Kennedy entrées en vigueur en août 1996 dans la foulée des attentats de Lockerbie, sans oublier le célèbre Patriot Act d'octobre 2001 à la suite des attentats du 11 septembre 2001. Il suffira qu'un citoyen non américain, même pas situé sur le sol américain, ait utilisé le dollar ou un serveur américain quelconque dans ses transactions pour tomber sous le coup de ces lois. Sachant que peu nombreux sont ceux qui peuvent se passer du dollar (la BNP réalisait un quart de son chiffre d'affaires aux États-Unis quand elle a été sanctionnée), l'Amérique préserve sa capacité à peser sur les affaires du monde. En dix ans, et depuis l'ouverture d'enquêtes judiciaires, le montant des amendes imposées aux banques a ainsi atteint 100 milliards de dollars.

Une domination commerciale sans égale

Premiers importateurs et exportateurs mondiaux de services, troisièmes exportateurs et premiers importateurs mondiaux de marchandises, les États-Unis offrent une position privilégiée à leurs entreprises : ainsi, en mars 2022, sur les 100 premières entreprises mondiales, en termes de capitalisation boursière, 63 sont américaines et représentent 70 % de la valeur totale[82]. On trouve ces grands groupes dans la tech (Microsoft, Apple, Nvidia), l'industrie pharmaceutique (Johnson & Johnson), l'énergie (Exxon Mobil), sans oublier Berkshire Hathaway de Warren Buffett ; la banque JPMorgan ; Tesla, le spécialiste de l'habitat Home Depot, Visa, etc. De Coca-Cola aux produits Procter & Gamble, de McDonald à Starbucks, de Universal Pictures, Warner Bros à Columbia Pictures sans parler des plateformes de streaming Netflix, Amazon Prime, Disney Plus, les entreprises américaines sont partout et changent, chaque jour, le monde.

Parmi ces grands groupes, les entreprises d'armement ne sont pas les dernières. Boeing, General Dynamics, Raytheon, Northrop Grumman et le leader Lockheed Martin : le « Big 5 », auquel il faut ajouter L3 et Harris Corp, est porté en 2024 par un budget de la Défense qui dépasse les 800 milliards de

---

[82] Classement du cabinet de conseil et d'audit PwC « Global Top 100 Companies by market capitalisation », mars 2022.

dollars, un record battu sous la présidence de Joe Biden en 2022[83]. Depuis la fin de la Seconde Guerre mondiale, 38 % des dépenses militaires dans le monde sont le fait des États-Unis[84]. Ce budget ne tient même pas compte des 300 milliards de dollars que le Gouvernement fédéral dépense pour les anciens combattants et des 115 milliards de dollars qu'il débourse chaque année pour l'amortissement des passifs non capitalisés pour la retraite militaire et les soins de santé[85]. Le 24 février 2021, l'invasion de l'Ukraine par la Russie a entraîné des changements géopolitiques sismiques, donnant le coup d'envoi d'une cascade d'expéditions militaires internationales qui renforce cette tendance. Deux ans après le déclenchement de la guerre, l'aide militaire américaine dépassait les 45 milliards de dollars[86].

L'hyperpuissance militaire américaine

Dans le domaine militaire, où la course aux armements a intensément repris, l'hyperpuissance américaine n'a pas de rival. Avec 916 milliards de dollars en 2023, son budget égale celui des onze puissances militaires suivantes. Il est quatre fois supérieur à celui de la Chine (296 milliards, 14 % des dépenses mondiales), même si celle-ci, avec deux millions de soldats actifs, dispose de la plus nombreuse armée en uniforme, suivie de l'Inde (1,4 million) puis des États-Unis (1,3 million). Quant à la Russie, alors qu'elle n'était que la

---

[83] « 2022 National Defense Authorization Act », Commission des services armés du Sénat, janvier 2022.

[84] « Global military expenditure sees largest annual increase in a decade reaching $1,927 billion in 2029 », Stockholm International Peace Research Institute, 27 avril 2020.

[85] Département en charge des anciens combattants, Budget 2024.

[86] « Ukraine : quelles sont les armes fournies et pourquoi y a-t-il des pénuries ? », BBC News, 24 avril 2024.

cinquième nation en termes de dépenses militaires en 2021, elle se hisse désormais à la troisième position[87].

Aux origines du hard power

L'organisation même de la Défense américaine reflète cette volonté de ne rien sacrifier des fondamentaux du *hard power* américain.

Composée du Pentagone et des différentes branches (l'Armée de terre, le Corps des Marines, l'Armée de l'air, la Garde côtière américaine et la Force spatiale américaine), elle inclut le président, commandant en chef, intègre le Congrès qui doit approuver le déploiement des forces à l'étranger, et s'étend jusqu'à un vaste complexe militaro-industriel. L'ensemble permet aux États-Unis d'entretenir de nombreuses bases[88] à l'étranger, dont 119 en Allemagne, 73 en Corée du Sud, 119 au Japon et d'autres au Kenya, à Djibouti, à Cuba, en Estonie, en Grèce, en Irlande, en Tunisie, en Espagne et dans d'autres pays au service de la défense d'intérêts stratégiques comme la compétition avec la Chine dans l'Indopacifique, la lutte contre le terrorisme et contre le renforcement nucléaire iranien. Avec l'Organisation du traité de l'Atlantique nord (OTAN), dont ils financent trois quarts des dépenses, les États-Unis renforcent leur présence opérationnelle partout dans le monde, et, plus que jamais, sous l'effet de la guerre en Ukraine, au cœur de l'Europe, scellant le sort de l'Union eurasienne, de Lisbonne à Vladivostok, proposée par Vladimir Poutine en 2011.

---

[87] « Nombre de personnels militaires actifs par pays 2023 », Maxime Gautier, *Statista*, 25 octobre 2023· « Les dépenses militaires mondiales augmentent dans un contexte de guerre, d'escalade des tensions et d'insécurité », Stokholm International Peace Research Institute, 22 avril 2024.

[88] Allen, Michael A., Michael Flynn, Carla Martinez Machain, *U.S. Global Military Deployments, 1950–2020*, Sage Publications, 2021.

Malgré quelques ratés, soldés par le départ forcé d'Afghanistan en août 2021 et du Niger en juillet 2023, leur technologie de pointe associée à une capacité nucléaire intacte et à un renseignement militaire sans équivalent leur assure des moyens de surveillance sans pareils sur l'ensemble de la planète. N'ont-ils pas sans cesse prévenu les Européens de l'invasion russe en Ukraine ? L'ensemble du dispositif américain de défense est couronné par un siège de membre permanent au Conseil de sécurité de l'ONU avec droit de véto, une minorité de blocage au FMI et la présidence de la Banque mondiale.

Pourtant, les plus durs de la gouvernance américaine continuent de penser que le budget américain n'est toujours pas suffisant pour contenir la menace chinoise et faire face à l'apparition des nouvelles guerres (guerres de l'information, cyberguerres, piraterie, conflits climatiques...).

Ces secteurs technologiques vitaux

Alors que les États-Unis dominent les dépenses de recherche et développement (R&D) avec 806 milliards de dollars (26 % du total mondial), la Chine occupe désormais la deuxième position avec 21 % en 2021. Avec 667 milliards de dollars, les dépenses de recherche de celle-ci augmentent en moyenne de 18 % par an, contre 4 % aux États-Unis[89].

Les États-Unis font donc tout pour échapper au funeste destin des empires, tel que décrit par les disciples de Paul Kennedy[90], en misant sur le maintien d'une avance dans cinq secteurs technologiques cruciaux : l'intelligence artificielle, l'informatique quantique, les biosciences, les semi-conducteurs

---

[89] « R&D: US trends and international comparisons », Francisco Moris et Alexander Rhode, *Sciences and Engineering Indicators*, 21 mai 2024.

[90] Paul Kennedy, *The Rise and Fall of the Great Powers*, Random House, 1986.

et les systèmes autonomes[91]. Pour cela, il est crucial de distancer le rival chinois avec une stratégie tournée vers les treize nations de l'Indopacifique. Semi-conducteurs, technologies à énergie propre, minéraux critiques seront donc quelques-unes des priorités de la stratégie américaine à l'étranger, celle qui permettra de reconstituer la base industrielle américaine et de créer des emplois pour les Américains. Tous les moyens sont bons, tels que la séduction des meilleurs talents, les fusions et acquisitions, l'intelligence économique.

La santé est une des cibles privilégiées de cette compétition. Alors que les Chinois multiplient l'achat d'usines de production de produits pharmaceutiques, les entreprises américaines de biosciences qui produisent des vaccins et d'autres produits biotechnologiques peuvent se retrouver à utiliser des usines contrôlées par la Chine par défaut. En matière de semi-conducteurs, dont la chaîne d'approvisionnement est par nature fragile, les États-Unis dépendent du quasi-monopole taïwanais. Quant aux systèmes autonomes, les autorités signalent régulièrement le cas d'employés d'Apple s'envolant vers la Chine avec les secrets de fabrication de la voiture autonome[92].

Elon Musk

C'est dans ce contexte que la nouvelle offensive spatiale américaine prend tout son sens. Au terme d'une concurrence de vingt ans où l'URSS avait semblé prendre l'avantage avec le déploiement historique du satellite artificiel, *Spoutnik 1*, en 1957, puis l'envoi de Youri Gagarine dans l'espace en 1961, les États-Unis ont été les premiers à faire marcher un Américain, Neil Amstrong, sur la Lune en 1969, grâce au

---

[91] « Protecting Critical and Emerging U.S. Technologies from Foreign Threats », *Rapport du National Counter Intelligence and Security Center*, 21 October 2021.

[92] « Un ancien ingénieur d'Apple s'envole en Chine avec des secrets de l'entreprise », Gabriel Manceau, *01 Net*, 23 mai 2023.

programme Apollo avant que l'Initiative de défense stratégique (IDS) de Ronald Reagan ne donne le coup de grâce avec un budget vingt fois supérieur à celui des Russes.

Entre-temps, la concurrence est venue de la Chine de Xi Jinping, décidée à envoyer le premier homme sur Mars. Le grand pas chinois est réalisé en 2019 lorsque la Chine pose le robot *Lapin de jade 2* sur la face cachée de la Lune, déclenchant une course à l'espace inédite depuis la guerre froide. La même année, le président Trump lance l'opération Artemis, avec pour objectif la Lune en 2024 puis Mars en 2036. Il réorganise l'organisation spatiale américaine en créant Spacecom, le commandement militaire de l'espace et Spaceforce, la sixième branche des forces armées américaines, dotée de 16 000 militaires.

Dans cette extraordinaire course, les États-Unis disposent d'un atout exceptionnel : le secteur privé. Au classique Lockheed Martin, sont venus s'ajouter les milliardaires Jeff Bezos avec son Blue Origin, ou encore Elon Musk et son SpaceX : les contrats mirifiques de la NASA ne tardent pas à pleuvoir sur ces sociétés. Ces deux milliardaires, parmi les hommes les plus riches du monde, fondateurs respectivement de Amazon et de Tesla, mènent une bataille acharnée pour être le premier sur la Lune dans un combat générationnel qui oppose deux énormes empires commerciaux jusque devant les tribunaux et les couloirs du Congrès.

Au total, en 2023, les États-Unis, avec un budget de 73 milliards de dollars, ont lancé 116 fusées, la Chine 67, la Russie 19 et l'Europe 3. À ce jeu, SpaceX fait la course en tête : fin juin 2024, elle avait lancé 86 % des fusées américaines[93].

93 « L'Europe cherche sa voie dans le domaine spatial », Cécile Boutelet, Dominique Gallois, Allan Kaval, *Le Monde,* 3 juillet 2024.

Musk est en passe, dit-on, de devenir le premier trillionaire de l'humanité.

L'Europe tente de réagir. Effacée de la course à l'espace entre l'URSS et les États-Unis pendant la guerre froide, ce n'est qu'en 1975 avec la création de l'agence spatiale européenne et surtout, en 1979, avec le premier vol d'Ariane, que la coopération spatiale européenne prend son envol jusqu'à faire d'Arianespace, un joyau franco-allemand, *leader* mondial des lanceurs spatiaux dans les années quatre-vingt. Depuis, les efforts de la France autour de Ariane-6 ont cependant été systématiquement entravés par ses voisins. Le succès du lancement de cette dernière en juillet 2024 en Guyane redonne cependant espoir.

L'Internet, une épopée américaine

Ce qui se joue derrière cette course vers la Lune et Mars n'est rien de moins que la maîtrise de l'Internet.

D'abord, par satellite, à l'intérieur des États-Unis, SpaceX et Kuiper (du groupe Amazon) s'affrontent dans une de ces batailles historiques que certains comparent à la rivalité Carnegie-Rockefeller il y a plus d'un siècle et dont l'Amérique a le secret. Cette fois, elle se joue aussi sous les yeux de leurs fans sur X (anciennement Twitter, racheté par... Musk) et *Saturday Night Live*. Depuis qu'il a lancé ses premiers satellites en 2019, SpaceX a déjà assuré la couverture internet d'une quarantaine de pays et espère bien, avec Starlink, remporter la course à la généralisation de l'Internet à haut débit. Il est vrai que l'empire Musk dispose d'un très fort soutien de l'État américain : la NASA lui a déjà versé 15 milliards depuis 2003[94].

---

[94] « Elon Musk's SpaceX and Tesla get far more government money than NPR », Tim Fernholz, *Quartz*, 13 avril 2023.

Ensuite, la compétition s'intensifie sur la scène internationale avec la Chine qui compte créer un réseau plus compétitif que la 5G ainsi qu'avec ces pays tiers qui entendent investir dans le prestige que la course à l'espace procure. Ainsi, désireux d'échapper à leur dépendance au pétrole, les Émirats arabes unis ont lancé la mission Al-Amal (« espoir » en arabe) pour envoyer une sonde sans pilote autour de Mars.

La bataille de l'Afrique

Pour les Africains, confrontés à la plus grande révolution digitale de ces vingt dernières années, la naissance d'une Agence spatiale africaine en janvier 2023 au Caire marque un tournant. La jeunesse de la population, couplée à la dynamique de l'urbanisation, favorise les politiques les plus innovantes dans un contexte où la part d'Africains possédant un smartphone est en voie de passer de 51 à 87 % entre 2022 et 2030[95].

L'exploitation des données est un atout majeur dans l'affirmation d'une politique spatiale africaine originale mise au service du développement du continent, à travers la télémédecine, la cartographie des catastrophes naturelles, la lutte contre les feux de forêt, la sécurisation du territoire, l'accès des populations à Internet...

Résultat : en vingt ans, 41 satellites africains ont été mis en orbite par une dizaine de pays (comme le Rwanda, l'Égypte, l'Afrique du Sud, le Ghana, le Maroc, le Nigeria), dont la moitié ces cinq dernières années, soit une hausse de 100 % en cinq ans. Le Nigeria a ainsi pu suivre les mouvements de Boko Haram dans le delta du Niger, l'Éthiopie améliorer ses capacités météorologiques avec son satellite, l'Égypte et l'Afrique du Sud, en coopération avec la Russie, renforcer leurs capacités militaires avec leurs satellites

---

[95] Rapport du 27 février 2023 de l'Association mondiale des opérateurs et constructeurs de téléphonie mobile (GSMA).

respectivement lancés en 1998 et en 1999. Le Sénégal a lancé le sien en août 2024. Avec la baisse des coûts associés aux nanosatellites, les capacités spatiales de l'Afrique sont en plein essor comme avec *GhanaSat-1* lancé en 2017 pour 50 000 dollars.

Ce marché du *new space* qui permet la collecte et la diffusion de données satellitaires est dominé par les États-Unis qui ont pris de l'avance grâce à de jeunes pousses particulièrement performantes. Ainsi, la société Planet, avec ses très petits satellites cubiques miniatures, appelés Cubesats de la taille d'un rubikub, produit des images à un rythme soutenu et pour un prix relativement modique. En mai 2024, plus de 2 600 nanosatellites ont été lancés, dont plus de la moitié par les États-Unis qui avaient déjà repris, face à la Chine, la tête des pays lanceurs de satellites[96]. Ceux-ci ne pouvaient donc ignorer l'arrivée de nouveaux partenaires stratégiques en Afrique. C'est ainsi qu'à l'occasion du sommet États-Unis-Afrique de décembre 2022, les accords Artemis ont été étendus au Nigeria et au Rwanda.

La révolution GAFAM

Elles sont les 5 entreprises les plus puissantes du monde de l'Internet. Toutes américaines. Elles symbolisent une épopée technologique qui aura révolutionné les rapports humains. Si la légende laisse croire que l'aventure a commencé dans des garages de la Silicon Valley par le génie créatif de quelques étudiants surdoués, l'Internet est d'abord un projet de l'État, une initiative militaire américaine, née durant la guerre froide : ARPANET ou Advanced Research Projects Agency Network.

Ce projet, mené par des informaticiens et mathématiciens de plusieurs universités de Californie (Santa Barbara et Stanford) et de l'Utah, a été financé par la DARPA (« Defense

[96] Nanosats Database.

Advanced Research Projects Agency »), l'institut de recherche du Pentagone. Le ministère de la Défense américaine était à la recherche de nouveaux protocoles de communication, différents du réseau radio et téléphonique, qui permettraient de sauvegarder des données en cas d'attaque soviétique.

Le premier message ARPANET est envoyé le 29 octobre 1969 à 22 h 30, depuis le laboratoire informatique de l'UCLA (université de Californie Los Angeles) de Leonard Kleinrock, un pionnier des réseaux. Ajoutés ensuite à Arpanet, les nouveaux protocoles de transmission TCP (*transport control protocol*) et IP (*internet protocol*) dans les années soixante-dix marquent le passage au réseau internet et sa généralisation dans la communauté universitaire.

Les grandes entreprises informatiques comme IBM rejoignent l'aventure. Cependant, c'est un Européen, le Britannique Tim Berners-Lee, chercheur au Centre européen de recherche nucléaire, qui simplifie le dispositif et permet, grâce à l'URL et au HTML, la popularisation d'Internet. C'est ainsi que le web naît en 1989. De l'Internet, cet ensemble de structures physiques constituées de câbles, centres de données et satellites, au web qui est un réseau déterritorialisé, mondial, c'est une révolution qui est lancée. Désormais, chaque jour, 3,5 milliards de personnes surfent sur 2 milliards de sites.

Même le darknet, la face cachée d'Internet, a une origine américaine : comme l'explique Laurent Gayard, ce sont aussi les États-Unis qui ont été, en 2004, à l'origine de ce réseau pour éviter que les activités du Gouvernement sur le web ne soient trop visibles pour ses rivaux[97]. Si mafias, cyberpirates, et autres réseaux criminels liés à la pédopornographie ou au trafic d'armes profitent du mode crypté de connexion pour accéder à des sites difficilement accessibles aux moteurs de

---

[97] Laurent Gayard, *Géopolitique du Darknet. Nouvelles frontières et nouveaux usages du numérique*, Editions ISTE, 2018.

recherche, le darknet est aussi un repère pour nombre d'opposants politiques et de lanceurs d'alerte comme l'expert informatique de la CIA et de la NSA, Edward Snowden qui, en 2013, y a dévoilé ses *wikileaks,* un programme américain de surveillance de masse.

L'infortune du Minitel

Comme l'a expliqué le président Barack Obama dans un de ses discours de campagne[98], « Internet ne s'est pas inventé tout seul. La recherche publique a créé Internet. » Chaque étape de l'Internet puis du web porte la marque du Gouvernement américain. Ainsi, lorsque Paul Baran, à l'origine du réseau sécurisé de commutation par paquets en 1960, n'a pu convaincre ATT qui gérait le réseau américain de communication, c'est le département de la Défense qui a dû s'y mettre, participant ainsi à la création d'Internet. C'est aussi l'armée qui a créé l'Electronic Numerical Integrator and Computer (ENIAC), le premier ordinateur multi-usage du monde tout comme le Global Positioning System, le fameux GPS.

C'est sans doute ce soutien public fort qui a manqué à la France. Pour des raisons corporatistes, elle a fait le choix du Minitel, l'outil privilégié par les télécoms, plutôt que de l'Internet que lui proposaient les chercheurs de l'Institut national de recherche en informatique et en automatique et l'informaticien Louis Pouzin avec son réseau Cyclades. Ce dernier était un protocole de transmission de données par un réseau d'ordinateurs lancé en 1971 pour aider les chercheurs à travailler à distance. Ce dispositif, qu'il appelait Mitranet, était composé de 25 ordinateurs répartis entre l'Italie, la Grande-Bretagne et la France. Lorsque le président Valéry Giscard d'Estaing fait le choix du Minitel en 1978 et abandonne Cyclades, les Américains le reprennent. Les Français, qui ne comprennent pas tout de suite leur erreur historique,

---

[98] Discours du 13 juillet 2012 à Roanoke, Virginie.

exultent. « La boulangère d'Aubervilliers sait parfaitement interroger sa banque par Minitel, alors que la boulangère de New York en est incapable. », affirme le président Jacques Chirac alors qu'au plus fort de son activité, au milieu des années 1990, le Minitel équipe jusqu'à 6,5 millions de Français.

N'empêche, à l'étranger, c'est un échec commercial. En 1988, le professeur au Conservatoire national des arts et métiers, Bruno Lussato, lâche : « On nous dit que le monde entier nous envie le Minitel. Je ne sais pas s'il nous l'envie, Messieurs, mais je peux en tout cas vous dire une chose avec certitude, c'est qu'il ne nous l'achète pas. » La page du Minitel est définitivement tournée le 30 juin 2012.

Une affaire de sécurité nationale

Aujourd'hui, l'appui du Gouvernement américain combiné à cette liberté d'entreprise typiquement américaine a permis l'émergence des GAFAM[99]. Il a fallu moins de vingt ans à chacune de ces entreprises pour dépasser 2 000 milliards de dollars de valorisation boursière ! Avec le smartphone, elles bouleversent aussi bien l'économie de la connaissance que les déplacements, les modes de consommation et de travail, les usages de communication avec les réseaux sociaux. Aujourd'hui, elles sont lancées dans la révolution de l'intelligence artificielle, initiée par Chat GPT. La société Nvidia, qui domine le secteur, a atteint une capitalisation de plus de 3 000 milliards de dollars en juin 2024.

Aujourd'hui, Apple contrôle 66 % des bénéfices réalisés sur le marché du smartphone. À part la Russie avec son Yomdex, la planète entière utilise Google. Depuis son lancement en 2005, Facebook a une masse de données 300 fois plus importante que la bibliothèque du Congrès depuis sa

[99] GAFAM pour Google, Apple, Facebook (devenu Meta), Amazon et Microsoft.

fondation. Deux milliards de personnes l'utilisent. Entre 2012 et 2016, son chiffre d'affaires a été multiplié par près de deux cents ; 88 % des ordinateurs dans le monde sont équipés du système Windows. Les GAFAM n'ont pas de concurrent.

Leur puissance est telle que le Danemark a décidé, comme il le faisait depuis deux siècles avec les États, d'innover en nommant un ambassadeur numérique auprès de la Silicon Valley en 2017.

> « Dans le futur, nos relations bilatérales avec Google seront aussi importantes que celles que nous aurons avec la Grèce. Nous allons continuer à cultiver nos relations avec d'autres pays de la manière habituelle. Mais nous devons avoir des liens plus étroits avec ces entreprises qui nous affectent [...]. Elles sont devenues une sorte de nouvelle nation et nous devons nous confronter à cela », a alors déclaré le ministre des Affaires étrangères, Anders Samuelsen[100].

De l'intelligence artificielle à la protection des données et à la cyberguerre, les sujets ne manqueront pas.

Loin d'être virtuelles ou même déterritorialisées, les GAFAM reposent d'abord sur des infrastructures physiques stratégiques (bases de données, installations de serveurs), dont la plupart sont évidemment aux États-Unis. Or, la maîtrise de ces câbles est devenue un enjeu de sécurité nationale. Celle des câbles de fibre optique sous-marins, par lesquels transitent les données numériques, a donné une avance considérable, voire monopolistique, aux GAFAM, en particulier Alphabet (dont Google est une filiale depuis 2015) et Meta, alors qu'ils ne sont entrés sur ce marché que tardivement, dans les années 2010, aux côtés des grands opérateurs de télécommunications. La domination des GAFAM est telle qu'elles se concurrencent désormais entre elles : en témoigne la lutte acharnée que se

[100] « Le Danemark va nommer le premier "ambassadeur du numérique" au monde », Florian Delafoi, *Le Temps*, 31 janvier 2017.

livrent Google avec Equiano, et Meta et son 2Africa, le plus long câblage au monde, sur les côtes africaines.

Autour des GAFAM, jamais les enjeux n'ont jamais été aussi stratégiques, alors même qu'en dehors d'Apple et de Microsoft, elles ne produisent rien. Si les discussions semblent se concentrer sur la modération des contenus en ligne, le contrôle de ces potentielles « zones autonomes virtuelles » ou l'évasion fiscale, c'est la protection des données personnelles qui a fait leur fortune. Elles vendent de la médiation via l'exploitation de données : adresses, choix, goûts, cycles de sommeil, revenus, état de santé, géolocalisation, les moteurs de recherche et les réseaux sociaux font tout remonter des usagers. Et à un rythme exponentiel : le développement des objets connectés a entraîné un quintuplement des données collectées entre 2018 et 2025[101]. Celles-ci sont revendues aux entreprises de l'économie réelle, heureuses de mieux cibler, par une publicité personnalisée, leurs futurs clients.

L'économie des données personnelles, or noir du XXIe siècle, est devenue un motif de désaccord majeur entre les États-Unis et l'Union européenne qui voit dans cet usage un outil de surveillance de ses citoyens.

À défaut de maîtriser l'infrastructure, une Europe qui réglemente

C'est en 2013, à la suite des révélations d'Edward Snowden, que l'Europe découvre que les données personnelles de ses citoyens sont transmises aux agences de renseignement américaines grâce à des programmes de surveillance comme PRISM ou Upstream. Apple, Microsoft, Facebook, Google et Yahoo l'ont fait en totale contravention avec la législation européenne sur la vie privée. La France est particulièrement en pointe sur le sujet, elle, qui, dès la fin des années soixante-dix, a été à l'origine de la création de la Commission nationale de l'informatique et

[101] International Data Corporation, Data Age 2025.

des libertés en 1978, la CNIL, et d'un régime inédit de protection des données personnelles en France avec la loi du 6 janvier 1978 relative à l'informatique, aux fichiers et aux libertés.

Conférant un cadre légal à cette protection, l'Union européenne a adopté un règlement général sur la protection des données (RGPD) entré en vigueur au 25 mai 2018, aussi bien sur la collecte que sur l'usage. Les principes qui les régissent vont du droit d'opposition au droit à l'oubli, sous peine d'amendes pouvant atteindre 2 à 4 % du chiffre d'affaires mondial de l'entreprise, soit des dizaines de millions d'euros. Quant aux données non personnelles, elles ont fait l'objet d'une législation inverse, allant vers toujours plus de libre accès. Enfin, comme tout droit, il n'est pas absolu, étant limité par la lutte contre la criminalité et les nécessités économiques de libre circulation, notamment en dehors de l'Europe.

C'est là que le bât blesse le plus. Avec les États-Unis, c'est une bataille judiciaire qui dure depuis bientôt dix ans. La Commission européenne et le Département américain du commerce avaient déjà signé l'accord Safe Harbor le 26 juillet 2000 : le transfert des données devait offrir un niveau de protection similaire à celui offert par les textes européens et notamment la Charte des droits fondamentaux de l'Union européenne. Mais cet accord a été invalidé le 6 octobre 2015 par la Cour de justice de l'Union européenne[102] (CJUE), en raison de la primauté que les Américains accordent à leur législation, permettant de ce fait aux autorités d'avoir un accès sans condition aux données personnelles des usagers européens, ainsi laissés sans recours possible.

Un autre accord, Privacy Shield, signé le 12 juillet 2016, s'est voulu plus contraignant, avec notamment un droit à l'information, un droit d'opposition, un droit de rectification,

102 Arrêt Schrems I du nom de Maximilian Schrems, un activiste autrichien attaché à la protection des données personnelles (CJUE, Aff. C-362/14).

ainsi que des procédures de recours. Corrigeant les insuffisances de Safe Harbour, ce nouveau texte introduit les principes de nécessité et de proportionnalité — sous le regard d'un médiateur — concernant les actes de surveillance par les autorités américaines sur les questions de sécurité nationale. Cet accord a néanmoins déçu et a été percuté par le célèbre arrêt Schrems II du 16 juillet 2020. Le Privacy Shield s'en est, à son tour, trouvé invalidé par la Cour européenne. N'ayant plus de base légale, plus de 5 000 sociétés ont dû rapatrier les données personnelles en leur possession en Europe. Les GAFAM, mises dans l'impossibilité de poursuivre leur usage, menacent alors de suspendre leurs réseaux sociaux en Europe.

Par conséquent, lorsque, après deux annulations de justice et un an de négociations, le 25 mars 2022, Joe Biden et la commissaire européenne Ursula von der Leyen abordent à Bruxelles la question du transfert de données transatlantiques, le scepticisme est toujours de mise. L'enjeu est de taille : ces données impliquent des transactions d'une valeur de 900 milliards d'euros. Le nouvel accord, finalement entériné le 7 octobre suivant par décret du président américain, prévoit la création d'une cour d'examen de la protection des données que les citoyens européens peuvent saisir. Les agences de surveillance américaines devront prouver que la collecte, le traitement ou l'usage qu'elles font de ces données sont « nécessaires » et « proportionnés » aux impératifs de sécurité nationale comme la lutte contre le terrorisme ou la criminalité organisée. En Europe, un dispositif similaire pourra également être saisi. Entre Schrems qui menace déjà de l'attaquer en justice et la Commission européenne qui doit entamer le processus de ratification, cet accord entre dans une zone de turbulence pleine d'incertitudes.

« Lancez le service ! »

Les GAFAM sont outillées pour ne pas se laisser faire, consacrant des sommes illimitées en *lobbying* à Bruxelles pour parvenir à co-écrire la législation européenne. Le journal anglais, *The Guardian*, a révélé en 2014 comment l'entreprise Uber a mobilisé sa communauté de chauffeurs pour nourrir la demande et libéraliser la réglementation des taxis, nouant des alliances dans chaque pays jusqu'à enrôler en 2016... une commissaire européenne[103]. Conscient que la justice est plus lente que la technologie, le patron d'Uber dit : « Ne demandez pas la permission, lancez le service. Les gens l'adoreront[104]. »

Et déjà, l'avenir se joue ailleurs : les BATX, ces GAFAM de Chine, qui ont la même prétention globale que leurs sœurs américaines. Si Baidu est le Google chinois dans un pays qui compte 1,5 milliard d'habitants, Alibaba est, lui, l'Amazon chinois. Tencent veut rivaliser avec Meta et Xiaomi avec Apple.

Il est vrai que dans les années qui viennent, les enjeux technologiques vont aiguiser la concurrence avec la centralisation des plateformes, l'explosion des données avec 130 millions d'objets connectés annoncés pour 2030, l'essor des cryptomonnaies, de l'intelligence artificielle et le développement de l'informatique quantique.

Netflix ou le nouvel âge de l'American way of life

À moins que la révolution ne vienne de l'Amérique elle-même avec cet autre sous-groupe, les NATU (pour Netflix,

---

[103] « Former EU digital chief secretly helped Uber lobby Dutch PM, leak suggests », Simon Goodley et Jennifer Rankin, *The Guardian*, 10 juillet 2022.

[104] « Nous avons vendu un mensonge à tout le monde » : Mark MacGann, le lanceur d'alerte des « Uber Files », se dévoile », Martin Untersinger et Damien Leloup, *Le Monde*, 11 juillet 2022.

Airbnb, Tesla et Uber), qui, au-delà de la performance technologique, promeuvent une certaine vision américaine du monde.

Netflix avec ses 200 millions d'abonnés et ses 16 milliards de revenus atteints en 2020 incarne le retour du *soft power*, cet art de répandre dans le monde un récit inspiré des valeurs américaines.

Par le biais d'Hollywood et de la télévision, l'*American way of life*, sa culture populaire, son modèle libéral, individualiste et consumériste avaient déjà été le vecteur privilégié de la conquête des cœurs pendant la guerre froide. L'Amérique n'en a été que plus attractive pour les immigrés, les étudiants, les scientifiques, les dissidents. C'est ainsi que le jazz, le western, Coca-Cola, McDonald's, Disneyworld, la NBA ont incarné la puissance d'attraction de la culture américaine partout dans le monde.

Cette hégémonie culturelle n'est pas allée sans contestation et rejet, certains y voyant une uniformisation des singularités culturelles, et n'hésitant pas à justifier l'usage de la violence pour y résister. C'est la théorie « scandaleuse » défendue par Jean Baudrillard au lendemain des attentats de New York du 11 septembre 2001. Le sociologue écrit :

> « Le terrorisme est l'acte qui restitue une singularité irréductible au cœur d'un système d'échange généralisé. Toutes les singularités (les espèces, les individus, les cultures) qui ont payé de leur mort l'installation d'une circulation mondiale régie par une seule puissance se vengent aujourd'hui par ce transfert terroriste de situation[105]. »

Avec Netflix et les plateformes de streaming (Disney, Prime Video, Apple TV, HBO Max...) y compris musicales

105 « L'esprit du terrorisme », Jean Baudrillard, *Le Monde*, 3 novembre 2001.

(Spotify, Deezer, YouTube Music) et de jeux vidéo (Twitch, Steam) qui ont su s'appuyer sur la performance technologique des GAFAM, c'est une certaine vision du monde qui continue à forger les opinions mondiales. Dans cet univers, les séries jouent un rôle essentiel. Comme l'explique le Dr Virginie Martin, « Netflix représente une technologie culturelle mutante qui joue à la guerre des récits. Capable de saper la souveraineté des pays, elle se détache de son territoire originel et finit par être un objet flottant qui ne nous dit plus d'où elle parle. »

Mais les plateformes ne sont pas un simple véhicule technologique. « *I May Destroy You*, *Little Fires Everywhere*, *Mrs. Maisel*, *Pose*, *Orange Is the New Black*, *Maid*, *It's a Sin* », à travers toutes ces séries où « les minorités et les personnes invisibilisées par la société sont largement mises à l'honneur », la politiste rappelle aussi que, sous la férule de l'activiste afro-américain Darnell Moore, chargé de l'inclusivité à Netflix, les plateformes « prônent une approche progressiste et intersectionnelle[106] ».

Wokiste, en somme.

---

106 « Les séries et la guerre des récits : retour sur le *soft power* des plateformes », Dr Virginie Martin, The Conversation, 4 janvier 2022.

V.

Georges Clemenceau, ce wokiste

« Ça ira », « Enchanté, « Synchronicité », « Liberté », « Égalité », « Fraternité », « Sororité », « Sportivité », « Festivité », « Obscurité », « Solidarité », « Solennité » : il est 19:30 ce 12 juillet 2024 lorsque, pour la première fois, Paris accueille les Jeux Olympiques. Sous une pluie battante, avec la Seine pour décor, les tableaux, plus époustouflants les uns que les autres, se succèdent, sous les yeux ébahis d'un milliard de spectateurs.

Quelques jours après, ils sont plus de 85 % des Français à juger cette cérémonie d'ouverture « réussie ». Pourtant, ils étaient nombreux les élites françaises, et pas seulement à l'extrême-droite de l'échiquier politique, à la considérer comme la plus « wokiste » de l'histoire, rejoints par les élus MAGA du côté des Etats-Unis.

L'anti-wokisme, ce nouveau maccarthysme

En France, le concept de « wokisme » est soudainement devenu un point de fixation du débat public national et le cri de ralliement d'une grande partie des élites politiques unies par une même détestation de « la dictature des minorités », sans qu'on sache réellement qui est visé : les femmes ? Les immigrés ? Leurs enfants ? Les personnes en situation de handicap ? Les homosexuels ? Les transsexuels ? Aux États-Unis, à l'inverse, il n'y a guère que chez les MAGA que se recrutent les anti-wokistes. Pour eux, même le pape est « woke », au motif qu'il en appelle à un « devoir d'humanité » vis-à-vis des migrants.

On en était là lorsqu'interrogés, les Français ont estimé qu'avec Paris 2024, la France est encore plus belle dans sa diversité. Il y a comme une clarification sur ce que les Français jugent problématique[107]. Et l'anti-wokisme, cette « bataille civilisationnelle » que certains aimeraient imposer à la France, n'en fait pas partie.

Cette position ne surprendra que ceux qui avaient cru que ledit « wokisme » était une préoccupation centrale de la majorité des Français, minorités comprises. Or, ces derniers en ignoraient même jusqu'au sens, voire jusqu'à l'existence : 86 % disaient alors ne jamais en avoir entendu parler. Les rares – 8 % – qui en ont entendu parler ne savaient pas ce que c'était[108].

Le wokisme ne veut, en effet, pas dire grand-chose, comme on le verra. Aux États-Unis, c'est davantage l'anti-wokisme qui inquiète et menace la démocratie.

Il faut néanmoins démêler les incompréhensions et malentendus derrière ces débats et expliciter aussi comment l'obsession wokiste a été opportunément fabriquée et amplifiée par des extrémistes dont l'agenda politique est, aux États-Unis, de se débarrasser pour de bon des politiques de lutte contre les discriminations, et sans doute même, en ce qui concerne la France, jusqu'aux principes républicains.

---

[107] « JO Paris 2024 : plus de 85 % des Français ont jugé la cérémonie « réussie », *Le Figaro* avec AFP, 28 juillet 2024.
[108] Sondage IFOP du 23-24 février 2021.

L'islam, un défi français

Au cœur du malaise français, on trouve un déclencheur : l'islamisme radical, voire chez certains l'islam tout court. La centralité de cette question dans le débat public français est sans commune mesure avec sa marginalité dans les discussions politiques américaines, et ce malgré le choc des attentats du 11 septembre 2001. Les attentats islamistes successifs qui ont, depuis, durement frappé la France, expliquent sans doute la sensibilité de cette question dans un pays qui abrite la plus importante population musulmane d'Europe, dans un contexte de panne du modèle républicain d'intégration. Ébranlée et rendue plus vulnérable, une partie des Français s'est révélée réfractaire à l'islam de France ou, à tout le moins, à certaines revendications de visibilité qui lui sont attachées, comme le voile, le burkini, l'abaya dans l'espace public, le halal dans les cantines scolaires ou la construction de mosquées.

Alors qu'il aurait fallu prendre ces défis à bras-le-corps dès leur apparition en 1989 au moment de l'affaire de Creil renvoyée aux juges plutôt qu'à l'autorité scolaire, des générations de responsables politiques, au niveau national comme municipal, de droite comme de gauche, ont laissé prospérer ces revendications, voire les ont accompagnées par clientélisme électoral. Plutôt que de proscrire toute contravention aux principes laïcs au nom de l'égalité des citoyens, de la sécurité du pays comme de l'émancipation des femmes, on a vu de jeunes élèves tester régulièrement les principes laïcs de l'école ou de la piscine municipale, des associations porter des discours radicaux et des imams suspects et se voir confier un rôle de « représentants des musulmans de France » qui, eux, n'en demandaient pas tant.

L'enclume des islamistes et le marteau de l'extrême droite se sont refermés sur une République, piégée et affaiblie. L'occasion était trop belle : récupérant la laïcité, qu'ils avaient toujours combattue, les nationalistes l'ont mise au service d'une stratégie d'affirmation identitaire et de rejet des dits « musulmans », rejoints par les plus féroces des républicains, oublieux de la démarche bienveillante du combat laïc, à moins qu'il ne s'agisse pour eux de faire oublier qui leurs échecs qui leurs faux semblants et ambiguïtés d'hier. Pourtant, Clemenceau avait averti ces intransigeants parmi ses amis républicains : « Vous voulez déplacer la tyrannie au lieu de l'éliminer[109]. »

La réponse à l'islamisme radical n'aurait jamais dû être cet « anti-wokisme » bavard et vain de plateaux télé qui a fini par s'imposer et nourrir le vote extrême, mais plutôt et simplement une application claire et bienveillante de la laïcité, sans exception ni accommodements, avec un souci permanent d'émancipation des individus et d'unité de la nation. La laïcité, ce n'est ni l'interdiction des religions ni la liberté de faire ce qu'on veut. Refuser les aménagements contraires à la mixité hommes-femmes, soumettre les aides aux lieux de culte à une obligation de transparence des comptes, plafonner les financements étrangers, fermer les lieux de culte clandestins, compléter la formation religieuse des religieux par une formation civique assurée sur le sol français, à la cantine, puisque les religieux s'y sont introduits, ni halal, ni casher, ni végétarien, ni porc obligatoire, mais un menu avec viande et un menu sans viande sans considérations rituelles le tout appliqué à toutes les religions de manière égale : le guide pratique de la laïcité ne demandait ni budget ni délai, juste un peu de clarté qui a fini par devenir du courage au fur et à mesure des renoncements.

Pour quiconque douterait de la pertinence de la laïcité, il suffisait de regarder du côté de Téhéran et de Kaboul pour comprendre que tout autre chemin ne pouvait être un horizon français. Voilà pour la France, produit d'un legs laïque

---

[109] « Discours pour la liberté » de Georges Clemenceau du 17 novembre 1903 au Sénat.

historique qui a forgé sa singularité. Et c'est ce qui la rend si spéciale et si différente des États-Unis.

Pour le reste, en ce qui concerne la lutte contre les discriminations, qui est un sujet différent de la gestion des religions, la France est confrontée aux mêmes défis que les États-Unis. Mais, là, à l'inverse de l'oncle Sam, elle n'a pas de plan.

« On ne peut plus rien dire »

Il n'y a pas si longtemps, soutenir le système patriarcal vous rangeait du côté des misogynes, insulter les homosexuels dans le rang des homophobes, contester l'égalité citoyenne dans le camp des racistes. Résultat : pour ces proscrits d'hier, on ne pouvait « plus rien dire ». Avec ce mot « wokiste », on peut maintenant dire sans crainte. Les racistes, misogynes, homophobes, ou les trois en même temps, peuvent à nouveau rire de ces minorités sans être associées au camp du mal. Une aubaine pour enterrer les légitimes revendications d'égalité qui en hérissaient plus d'un depuis les années quatre-vingt.

Comme on ne s'embarrasse pas de nuances ou d'explications, pêle-mêle, on pointe du doigt l'écriture inclusive, la théorie du genre, le privilège blanc, la condamnation de la culture du viol, le racisme systémique, la *cancel culture*. On rejette les études intersectionnelles, les approches décoloniales, le mouvement Me Too. Ensevelis sous ce vocable irritant, tous les combats pour l'égalité qui ont fait l'essence de la République sont désormais moqués. En plaçant la question identitaire au cœur des discours médiatiques, on a ébranlé les principes républicains — l'égalité, la liberté, la fraternité, voire la laïcité. Et mis en doute, quelquefois sur pause, l'idée même de lutte contre les discriminations comme le prouve la quasi-disparition de la question des banlieues du débat public. Pour les réactionnaires, il y a là comme une douce revanche.

Une menace pour la République

Pour faire peur et rallier l'opinion qui ne se laisse toujours pas impressionner, on valorisera, pour mieux les fustiger, les figures les plus caricaturales, rebaptisées « wokistes » donc et on dénichera les pires anecdotes. Le wokiste, c'est celui qui censure Eschyle à la Sorbonne, interdit une conférence d'Alain Finkielkraut à Sciences Po, « annule » la pauvre J.K. Rowling qui a osé « liker » un commentaire anti-trans sur Twitter, fait des graffitis sur une statue de Joseph Gallieni. Le wokiste est d'autant plus dangereux que, sous les apparences du progressiste, il s'infiltre au cœur des institutions : c'est la Commission européenne qui censure l'emploi de « Mesdames, Messieurs », ce sont les universités qui organisent des réunions non mixtes, ces mairies qui interdisent les sapins de Noël. Peu importe que tout cela soit vrai ou faux, contextualisé ou non, marginal ou pas, le wokiste, c'est une menace pour la République universaliste, un danger mortel de « déconstruction nationale », un péril pour la chrétienté, la culture française, la famille.

Dans ce bal des outragés, il y a en pointe des nationalistes qui ont saisi l'opportunité pour nourrir leur idéologie et marquer des points politiquement, se banaliser. La réjouissante cérémonie d'ouverture des Jeux olympiques de Paris 2024 a été cependant l'occasion de les démasquer. D'un coup, les nationalistes, les seuls à protester contre cet événement, ont révélé sans le vouloir leur proximité et leur complicité avec les islamistes, autres déçus de la cérémonie. Ces deux bords sont donc faits du même bois de la réaction et de l'intolérance. Leur véritable agenda a aussi été dévoilé puisque leurs protestations ont moins concerné la présence des minorités dans les tableaux (même si certains ont cru bon de relever que *La Marseillaise* était chantée par une artiste à la coiffure « afro » et que la Garde nationale avait été « humiliée » d'avoir dû danser avec Aya Nakamura) que la tête décapitée de la reine Marie-

Antoinette[110] et le caractère supposément blasphématoire de ce qu'ils ont cru être une représentation de la Cène. Ils confessaient ainsi que leur véritable souci est et a toujours été la République, celle qui a mis fin à la royauté et à la toute-puissance du clergé. La vitalité de la République a mis nationalistes et réactionnaires hors d'eux.

Mais les autres ? Ces républicains qui leur avaient emboîté le pas ? N'avaient-ils d'autre option que de réserver leurs flèches les plus acérées aux minorités ? Aux jeunes ? L'universalisme français n'était-il pas supposé avoir pour moteur l'antiracisme et la parité ? Une partie du Parlement tire désormais sa gloire de l'ouverture d'enquêtes contre « les dérives dans les universités[111] », rejointe par des personnalités effrayées. On les trouve à droite de l'échiquier politique, mais aussi à gauche.

Cette « extrême droite de gauche[112] » n'a pas d'équivalent aux États-Unis. C'est que certains républicains sincères ont tout simplement baissé les bras parce que désormais « le pays est à droite » dans un intrigant glissement pour désigner le vote Rassemblement national. Alors qu'on n'imaginerait pas, du côté de Washington, AOC[113] tenir des discours trumpistes, on trouve, en France, une série de leaders d'opinion, capable d'instrumentaliser le réel sentiment d'insécurité des femmes

---

110 « JO Paris 2024 : Marion Maréchal déplore la "honte internationale" provoquée par la cérémonie d'ouverture », Marianne Lecach, *Le Journal du Dimanche*, 29 juillet 2024.

111 Le 25 novembre 2020, le président et le vice-président du groupe parlementaire Les Républicains, Damien Abad (Ain) et Julien Aubert (Vaucluse), ont écrit au président de l'Assemblée nationale pour réclamer une mission d'information sur « les dérives idéologiques dans les milieux universitaires ».

112 Jacques Rancière, *Les Trente Inglorieuses*, La Fabrique, 2022.

113 Alexandria Ocasio-Cortez est élue de New York, membre influente de la Chambre des représentants. Elle est connue pour incarner l'aile la plus à gauche du Parti démocrate.

dans la rue pour dénoncer l'« ensauvagement » des immigrés. Par un retournement insensé, la laïcité, de projet républicain émancipateur, est mise au service d'un combat xénophobe par certains. Là où, du côté du Potomac, le trumpisme a trouvé son contre-pouvoir avec de puissants démocrates et plus largement une société civile attentive, il n'en est rien du côté de la Seine où il n'y a guère d'opposition organisée d'égale puissance face au lepénisme « d'atmosphère », pour paraphraser l'expression de Gilles Kepel[114] sur l'islamisme. Réduite à sa plus simple expression, la démocratie française, sans la République donc, vacille, fragilisant davantage la crise démocratique française.

Face aux jeunes étudiants intolérants qui veulent faire interdire le roman de Timothée de Fombelle, *Alma*, au motif que l'auteur verse dans l'appropriation culturelle en faisant le récit d'une petite fille noire au temps de l'esclavage, il n'était pas bien compliqué, plutôt que l'invective, de faire le choix de la pédagogie, l'éloge de la création et l'apologie de l'universalité de la littérature. Face aux minorités qui veulent déboulonner les statues de Colbert au motif qu'il est l'auteur du Code noir, il était possible de le reconnaître, car c'est un fait historique, plutôt que de le nier et, dans le même temps, d'opposer à la violence de la destruction, un meilleur enseignement du sujet à l'école et dans les musées. Pour les cas les plus provocants, les républicains auraient pu opposer l'indifférence et, en cas d'atteinte à la loi ou aux principes fondamentaux de la République comme dans celui de ces activistes qui dégradent les œuvres d'art, les tribunaux.

Au lieu de cela, comme si tout se valait, on a opposé la caricature à la caricature, l'offense à l'offense, l'impasse à l'impasse. Cette attitude a réduit le champ de l'espace démocratique à peau de chagrin puisqu'aucune nuance n'est

[114] Gilles Kepel, *Le Prophète et la pandémie. Du Moyen-Orient au jihadisme d'atmosphère*, Gallimard, 2021.

permise. Les procureurs du wokisme n'ont que les mots de l'outrance (« le wokisme, ce nouveau totalitarisme »), pour lancer leurs fatwas et vous exposer à la vindicte, celle qui vous disqualifie et vous exclut de la République. C'est bien le but final des authentiques antirépublicains : affaiblir la démocratie française. Car, en polarisant le débat à l'excès comme cela arrive aux États-Unis, en donnant exprès une visibilité aux pires caricatures, ils contribuent à supprimer la complexité, si précieuse dans une démocratie mature. Avec eux, la communication est devenue impossible.

Notons à cet égard que le vocable « wokiste » n'autorise aucune subtilité. Ainsi, être wokiste, c'est embrasser toutes les dérives communautaristes dans un même élan : promouvoir l'écriture inclusive et dénoncer le racisme systémique. La caricature ne vous autorise pas à être homophobe si vous êtes noir ni misogyne si vous êtes homosexuel. C'est tout ou rien.

L'avertissement américain

Pourtant, un rapide regard vers les États-Unis devrait inciter à la prudence : dans ce pays, le danger est moins dans les quelques activistes qui « cancel » tel ou tel titre d'ouvrage que dans certaines élites qui, disposant d'un réel pouvoir politique, interdisent les livres qui abordent les questions d'égalité.

Ces livres qu'on «brûle»

Dans certains États, on interdit le *Journal* d'Anne Frank (il y aurait une référence à l'homosexualité), *The Bluest Eye* de Toni Morrison ou encore *The Handmaid's Tale* de Margaret Atwood, trop féministes. Sans doute, le « 1619 project » sur l'esclavage est le plus visé par les groupes réactionnaires.

Pendant la pandémie de Covid-19, on a vu des groupes, avec des moyens financiers croissants, comme Moms for Liberty, No Left Turn in Education, Patriot Mobile Action ou, au niveau local, Florida Citizen Alliance et Utah Parents United, décidés à organiser de véritables campagnes pour faire avancer un agenda politique ou religieux. Selon PEN America, qui promeut la liberté d'expression, au moins 50 groupes s'activent partout, à travers les États-Unis, à « assainir » les bibliothèques.

Certes, les menaces sur les livres viennent aussi de l'autre côté de l'échiquier, à l'instar de *To Kill a Mockingbird*, considéré par les lecteurs du *New York Times* comme le meilleur livre des 125 dernières années, mais critiqué pour contenir des insultes racistes. Avec les groupes conservateurs toutefois, l'impact est aussi réglementaire : ils ont, ainsi, reçu le soutien d'États décidés à légiférer comme dans le Tennessee, l'Oklahoma, la Floride, l'Utah, ou de gouverneurs, comme ceux du Texas ou de la Caroline du Sud, qui ont lancé des enquêtes sur des livres potentiellement « pornographiques », car traitant de l'homosexualité.

Au niveau national, des républicains, menés par l'élue de Louisiane, Julia Letlow, ont présenté à la Chambre des représentants une charte des droits parentaux (Parents Bill of Rights) pour permettre aux parents d'avoir un droit de regard sur le contenu des bibliothèques scolaires. Une grande partie de l'Amérique s'inquiète qu'une minorité de familles impose à toutes les autres la lecture de certains livres et le bannissement d'autres.

C'est un pas que l'État de Floride, dirigé par le gouverneur et ancien candidat à la primaire républicaine, Rob DeSantis, a franchi. « Notre mission est de laisser le mouvement woke dans la poubelle de l'histoire à laquelle il appartient[115]. »

---

[115] « How the right broke woke », Trymaine Lee, *MSNBC*, 23 août 2023.

À la pointe de ce combat, il a précipité cette question au cœur du débat politique national à l'approche de l'élection présidentielle de 2024.

Ayant fait voter trois lois en 2022, dont une loi sur les droits parentaux dans le système éducatif (Parental Rights in Education law), le 1er juillet 2022, il a obtenu la suppression d'ouvrages entiers. Bibliothécaires ou enseignants qui contreviendraient à ces lois risquent amendes et peines de prison. Certains en sont réduits à cacher ou à couvrir certains titres non approuvés par des « certified media specialists ». Les écoles et les bibliothèques de l'État sont aussi dans l'obligation de tenir à la disposition du public la liste de leurs livres. En mars 2023, une autre proposition de loi est allée encore plus loin : il suffira qu'un parent ou un comté réclame le bannissement d'un livre pour qu'il le soit jusqu'à ce que l'enquête soit terminée. Comme il n'existe nul endroit où les parents peuvent être d'accord sur tout, c'est le chaos dans bon nombre de districts de Floride. Ainsi, le *New York Times* rapporte que, sans explication, Martin County a supprimé 150 livres des écoles les deux premiers mois de 2023, mentionnant le livre de John Green *Looking for Alaska* et la série de science-fiction pour enfants de James Patterson, *Maximum Ride*[116].

La vérité sur la discrimination positive

Ces mouvements ont accéléré leur avantage au moment de l'affaire Claudine Gay, du nom de cette présidente de Harvard, forcée à la démission en janvier 2024 pour avoir laissé prospérer les manifestations étudiantes hostiles à Israël à la suite des attentats du 7 octobre 2023. Durant cette violente controverse, on est passé de discussions sur l'antisémitisme

---

[116] « Florida at Center of Debate as School Book Bans Surge Nationally », Patricia Mazzei, Elizabeth Harris and Alexandra Alter, *The New York Times*, 22 avril 2023.

au sein de l'université, qu'elle était accusée d'avoir rapportées à son origine haïtienne, à la vision de celle-ci comme étant la raison de son recrutement et le symbole de l'échec de la discrimination positive. Comme souvent dans ces cas-là, des accusations de plagiat ont opportunément surgi pour précipiter sa chute.

Pour mieux enterrer les politiques inclusives, on a passé sous silence le fait que la Cour suprême avait spécifiquement interdit les quotas raciaux en 1978, 2009 et 2014, que les Noirs ne sont pas ceux qui bénéficient le plus de la discrimination positive à l'université (à la vérité, ce sont les jeunes hommes blancs en retard par rapport aux lycéennes[117]), que les collèges refusent les étudiants noirs qui n'ont pas le niveau[118].

À l'inverse, on relevait en 2012 que les écoles ont dépensé en moyenne 334 dollars de plus pour les élèves blancs que pour les autres élèves. Plus il y a d'élèves noirs dans une école, moins l'école reçoit de fonds, quels que soient l'assiette fiscale ou le revenu du district scolaire. Un rapport de 2016 de la National Education Association a même révélé que les districts blancs, même les plus pauvres, comptent, en moyenne, huit fois plus de bibliothécaires que les districts noirs les plus riches. De plus, un rapport de 2014 du Center for American Progress ajoutait que les enseignants les moins qualifiés étaient systématiquement affectés dans les écoles les plus pauvres et accueillant majoritairement des enfants issus de minorités.

Quant au mérite dont on regrette la disparition pour cause de discrimination positive, il faut savoir que les admissions à l'université n'ont jamais été fondées sur le mérite, mais davantage sur l'argent, le pouvoir et les relations : une étude menée en 2010 auprès de 30 universités d'élite a révélé que

---

[117] « Whose benefitting from affirmative action? White men », Jonathan Zimmerman, *The Washington Post*, 11 août 2016.

[118] « The "Merit" Myth: The White Lies About Race-Conscious College Admissions », Michael Harriot, *The Riot*, 27 août 2018.

les liens familiaux l'emportent sur les capacités athlétiques, les notes et même le statut de minorité en ce qui concerne les admissions à l'université. À Harvard, 33 % des candidats dont les parents ont fréquenté l'école ont un taux d'admission cinq fois supérieur à celui des autres étudiants, selon le journal de l'école, *The Crimson.*

Aux origines du wokisme

Le wokisme, lui, n'est ni une idéologie ni même une organisation.

C'est un mot, un simple avertissement : « Restez éveillé ! » Il est né dans les années 1930 de la bouche du musicien Lead Belly, dont la chanson *Scottsboro Boys* rendait hommage à des adolescents noirs injustement accusés d'avoir violé deux femmes blanches en Alabama : « Je conseille à tout le monde quand ils vont là-bas, restez éveillés, gardez les yeux ouverts. »

Depuis, du blues au hip-hop, les Noirs ont utilisé « woke » et « stay woke » comme un avertissement face aux risques qu'ils couraient dans une telle société. À la fin des années 1980, Spike Lee conclut son film, *School Daze*, par une scène où l'acteur Lawrence Fishburne hurle : « Réveillez-vous ! » Des décennies plus tard, alors que l'Amérique pleure la mort de Trayvon Martin et de Michael Brown, victimes de la police, c'est la chanteuse Erykah Badu qui, dans *Master Teacher*, répète : « Je suis connu pour rester éveillé / Un beau monde que j'essaie de trouver », avant que l'assassinat de George Floyd ne le fasse connaître dans le monde entier.

Parallèlement, le mouvement anti-woke a prospéré chez ceux qui résistent à l'égalité des droits civiques, si bien qu'en plus des livres qu'on interdit, on réécrit l'histoire. Ainsi, en 2023, le Conseil éducatif de l'État de Floride a adopté un nouveau guide de l'histoire africaine-américaine enjoignant aux enseignants d'expliquer aux élèves que l'esclavage, plutôt qu'une brutale entreprise de déshumanisation qui a duré 250 ans, a permis aux Noirs de développer des « compétences » dont ils ont pu retirer un bénéfice professionnel[119]. Pire : la colère anti-wokiste s'exprime aussi par les armes à feu.

Pour la France, l'expérience américaine permet de tirer des leçons utiles et d'éviter que les combats accessoires fassent oublier les dangers de l'heure, cette menace terroriste identitaire contre laquelle les pays européens ne sont pas préparés à lutter.

Ce terrorisme identitaire qui vient

Une menace croissante

Il suffit de constater que c'est en France qu'a eu lieu la moitié (29) des arrestations liées au terrorisme d'extrême droite en Europe (64) au cours de l'année 2022[120].

D'identitaires à néonazis, ces groupuscules ont prospéré à la faveur des attentats islamistes survenus dans les années 2000, de l'isolement durant la pandémie, et de la radicalisation de l'espace politique avec l'émergence de personnalités politiques adeptes de théories racialistes comme le « grand remplacement ».

Sans s'embarrasser des frontières, l'Internet facilite le recrutement d'individus isolés, prêts à passer à l'acte, et à amplifier l'impact de leurs agissements par leur diffusion en direct sur les réseaux sociaux, à l'image de l'attentat contre deux mosquées de Christchurch, en Nouvelle-Zélande en mars 2019 ou encore de l'attaque de la synagogue de Halle en Allemagne en octobre de la même année.

---

119 « Florida's State Academic Standards – Social studies, 2023 », Conseil éducatif de l'État de Floride, juillet 2023.

120 Données issues du rapport 2023 d'Europol sur la situation et les tendances du terrorisme dans l'Union européenne.

Certains laissent des manifestes derrière eux, comme Anders Behring Breivik, qui, ce jour même de juillet 2011 où il assassinait 77 personnes à Oslo et Utøya, produisait 1 500 pages sous le titre *2083 : Une déclaration européenne d'indépendance*, où il fustigeait « la colonisation islamique et l'islamisation de l'Europe occidentale », ou encore Patrick Wood Crusius qui, en août 2019, abattait 23 personnes à El Paso (États-Unis) avant que ne soit dévoilée la « vérité qui dérange » contre « l'invasion hispanique du Texas ». Qu'on le trouve d'inspiration complotiste ou nazie, le suprémacisme blanc est devenu le principal moteur de ce terrorisme.

Bien sûr, les États-Unis, et leur culte des armes, restent inégalables, comme le montre l'attaque contre le Capitole le 6 janvier 2021, mais leur conscience du défi que constitue ce terrorisme est sans commune mesure avec le retard des autorités européennes sur cette question. Ainsi, opérant un changement de paradigme dans la lutte contre-terroriste en 2021, l'administration Biden a annoncé une nouvelle stratégie nationale de lutte contre l'extrémisme domestique, axée sur une meilleure coordination de l'administration policière, un suivi des vétérans, parmi lesquels beaucoup de groupes extrémistes recrutent, des enquêtes sur les sources du racisme et de l'extrémisme religieux.

Dans la foulée, le budget de la Justice a été augmenté de 100 millions de dollars pour permettre le recrutement de procureurs et d'enquêteurs dédiés. Au niveau local, le FBI a renforcé ses actions de formation et le bureau des procureurs est désormais doté d'un conseil anti-terroriste. Mais il n'y a toujours pas de loi ciblant spécifiquement ce type d'extrémisme. Beaucoup pensent au mouvement QAnon, adepte de la théorie du complot sur les prétendues élites globales corrompues. Il est vrai que le premier amendement de la Constitution américaine est très protecteur de la liberté d'expression, y compris en ligne.

Les tensions raciales aux États-Unis

C'est sans doute la longue histoire des tensions raciales qui rend ce terrorisme particulièrement menaçant pour la société américaine.

Alors que l'Amérique n'a jamais vraiment exorcisé ses vieux démons sur ce terrain-là malgré l'élection et la réélection du président Barack Obama, la mort de George Floyd, étouffé par le genou de l'officier de police Derek Chauvin le 25 mai 2020 à Minneapolis, a créé un traumatisme supplémentaire.

Selon l'organisation non gouvernementale, Mapping Police Violence, qui s'attelle à collecter les données relatives aux meurtres commis par la police (les polices locales n'ayant pas obligation de les signaler), 27 % des victimes de la police en 2021 étaient des Noirs, un taux disproportionné par rapport à leur part (13 %) dans la population. Sur les 300 meurtres commis par la police cette année-là, seuls trois ont donné lieu à des poursuites. Les statistiques de la dernière décennie (2013-2022) révèlent que les Africains-Américains sont trois fois plus susceptibles d'être tués par la police que les autres et dans plus de 98 % des cas, les policiers ne sont pas poursuivis. Les racines de ce ciblage sont anciennes, héritées de l'esclavage et d'un système ségrégationniste qui a laissé des traces profondes dans la société. Les patrouilles de police et leurs méthodes de répression ne rappellent-elles pas les patrouilles à l'époque de l'esclavage[121] ?

Il n'est pas certain que les États-Unis se soient donné les moyens de combattre les sources de ce mal malgré l'activisme des associations de terrain et du mouvement des droits civiques, de la National Association for the Advancement of Colored People (NAACP) au plus récent Black Lives Matter.

---

[121] « Report: Black people are still killed by police at a higher rate than other groups », Curtis Bunn, *NBC News*, 3 mars 2022.

Les idées ne manquent pas pourtant, comme l'installation expérimentale de policiers dans les quartiers noirs, l'augmentation des moyens consacrés à l'état des prisons, l'interdiction de certains gestes d'étranglement, la poursuite et l'exclusion des policiers soupçonnés de meurtre. Le George Floyd Justice in Policing Act, dont l'objet était de combattre le profilage racial, entre autres mesures décisives, bute devant le Sénat depuis septembre 2021.

De Emmett Till à Fred Hampton, la liste emblématique des victimes noires, non armées, de la police s'allonge et leurs noms s'affichent désormais, tels des slogans mobilisateurs, sur les *t-shirts*, les murs, les manifestations : Rodney King (mort en 1992), Treyvon Martin (2012), Michael Brown (2014), Eric Garner (2014), Tamir Rice (2014), Philando Castile (2016), Breonna Taylor (2020), Ahmaud Arbery (2020), Tyre Nichols (2023) et tant d'autres plus anonymes.

Aussi grave, on ne compte plus les citoyens qui s'attaquent aux Noirs sans raison. Certains sont armés à l'image de Andrew Lester, 84 ans, qui, en avril 2023, a tiré sur Ralph Yarl, un adolescent noir de 16 ans ayant, par erreur, frappé à sa porte à Kansas City. D'autres n'ont pour armes que la délation, mais aux conséquences redoutables, à l'image de la figure désormais identifiée de la « Karen », qui désigne ces femmes de la classe moyenne promptes à appeler la police à la vue d'un Noir.

Le poids de l'esclavage

Ces tragédies s'inscrivent dans une société dont les fondations ont longtemps reposé sur la barbarie de l'esclavage et la violence de la ségrégation.

Il a ainsi fallu attendre l'arrêt Brown de la Cour suprême pour que la ségrégation soit levée dans les écoles en 1954, la loi relative aux droits civiques (Civils Rights Act) de 1964 pour que la discrimination dans les lieux publics soit interdite, y compris à l'égard de l'emploi, l'année 1967 et l'arrêt de la Cour suprême Loving v. Virginia pour que Noirs et Blancs puissent se marier, et 1968 pour que soient levées les discriminations concernant le logement. Bien sûr, tout cela était théorique. Les mentalités, elles, n'ont pas nécessairement suivi.

L'incarcération de masse des hommes noirs en est l'illustration la plus éclatante. « Les États-Unis, c'est 5 % de la population mondiale et 25 % des prisonniers dans le monde » : c'est par cette saisissante statistique du président Barack Obama lors de 106e convention nationale de la NAACP que s'ouvre le documentaire de Ava DuVernay sur Netflix, *13th*, en référence à l'amendement abolissant l'esclavage. Le film présente cette anomalie comme une prolongation de l'esclavage : alors que le 13e amendement l'abolissait légalement, c'est une clause dérogatoire qui a permis aux États du Sud de le maintenir à l'encontre des Noirs condamnés, même pour les infractions mineures. Privés de 4 millions de travailleurs forcés, les États du Sud, au bord de l'effondrement économique, avaient besoin d'une force de travail disponible : en incarcérant massivement les Noirs, ils pouvaient disposer d'une main-d'œuvre gratuite.

De *Naissance d'une nation* en 1915 aux lois Jim Crow (1877-1964) à la guerre contre le crack, racialement ciblée, des présidents Nixon à Reagan, la ségrégation a accompagné une hausse exponentielle du nombre de prisonniers, passé de 357 292 en 1970 à 2 306 200 en 2021. Parmi eux, 40 % sont des Noirs. Au cours de sa vie, un jeune Noir sur trois ira en prison contre un Blanc sur dix-sept. « Des animaux, des bêtes qu'il fallait contrôler », dénonce l'éducatrice Michelle Alexander qui n'hésite pas à parler de pratiques « génocidaires dans les quartiers noirs et pauvres »[122].

---

[122] Michelle Alexander, *The New Jim Crow*, The New Press, 2010.

Des mots pour dire les maux

Obama, DuVernay, Alexander, mais aussi le joueur de football Colin Karpernick, l'avocat Ben Crump et tant d'autres : ces noms qui racontent les maux des États-Unis incarnent aussi une Amérique en mouvement vers l'égalité des droits et la justice.

Le mouvement des droits civiques ne s'est d'ailleurs pas limité au champ politique avec l'élection du premier président noir et de la première vice-présidente noire de l'histoire des États-Unis. Il l'a largement débordé pour se répandre dans le champ des médias, de la recherche universitaire, du sport, de la justice. Politiques, cinéastes, chercheurs, sportifs, avocats : depuis leur arrivée sur le sol américain, les Noirs n'ont cessé de qualifier ce qui leur arrivait. Ils ont trouvé les concepts pour renforcer leur résilience, nourrir la mobilisation et faire avancer la cause de l'égalité des droits civiques. La diaspora noire n'est pas qu'en Amérique, mais c'est là que sont apparus des concepts qui désormais nourrissent les combats des minorités partout dans le monde. C'est aussi cela la puissance américaine.

Comment être antiraciste ?

Prenons l'antiracisme. Comme l'explique l'historien afro-américain Ibram X. Kendi, il n'y a rien de plus difficile que d'être antiraciste. Être antiraciste, c'est d'abord penser contre soi-même. Et agir contre soi-même aussi.

C'est comprendre que si on a plus en tant que Blanc (le fameux « privilège blanc »), ce n'est pas systématiquement parce qu'on est meilleur ou parce qu'on a travaillé dur, mais parce que la société nous a donné des opportunités qu'elle n'offrait pas à d'autres. Cela peut être un simple avantage psychologique. Si un emploi échappe à cette personne blanche, diverses explications seront possibles (problème de formation, machisme, adresse disqualifiante, etc.), mais il ne lui viendrait pas à l'esprit de se demander si c'est à cause de sa couleur de peau. Cette question, le Noir se la pose souvent. Dans une société de type occidental, le Blanc n'est pas une couleur. Il est la norme. C'est d'ailleurs la raison pour laquelle le concept de « racisme anti-Blanc », en vogue dans les milieux extrémistes, s'il prend la forme d'insultes intolérables, convainc peu les chercheurs : les Blancs ne sont pas considérés comme inférieurs dans les sociétés occidentales. Ils ne sont pas désavantagés par la collectivité, de manière consciente ou inconsciente.

L'antiracisme suppose donc de se mobiliser pour que ces différences d'opportunités (de départ) cessent. C'est pour cela qu'il progresse difficilement : combien sont-ils à manifester pour renoncer à leurs propres avantages ?

Quelques réussites individuelles ici ou là (les « licornes ») chez les minorités ne seront d'aucun secours. Prenant le cas du grand Jackie Robinson, le premier Noir en ligue majeure de baseball, Robin DiAngelo explique qu'il n'était pas le premier à avoir de si grandes qualités sportives ; il a simplement été le premier à être « autorisé » à jouer dans cette ligue « par ceux qui édictaient les règles ». Pas étonnant que ces pionniers soient si souvent sommés d'être reconnaissants : « Ces histoires d'exceptions raciales occultent la réalité du contrôle blanc, toujours d'actualité, tout en raffermissant l'idéologie de l'individualisme et de la méritocratie[123]. » Au fond, si les autres n'y arrivent pas, c'est qu'ils n'ont pas assez essayé. Il faut donc commencer par reconnaître l'existence de ce jeu truqué pour comprendre qu'il ne revient pas seulement aux minorités de changer la société. Une fois qu'elles ont fait leur part et démontré leurs mérites, charge alors à la société

[123] Robin DiAngelo, *Fragilité blanche, ce racisme que les Blancs ne voient pas,* Les Arènes, 2020.

de ne pas les entraver. C'est pourquoi Reni Eddo-Lodge affirme que « le racisme est un problème de Blancs[124] ».

Autrement, on continuera à vivre dans une société où plus personne ne se dit raciste, mais où le racisme existe toujours. Y compris de la part des mieux intentionnés. C'est ce que Robin DiAngelo nomme « le racisme aversif » des progressistes :

> « Une forme subtile et insidieuse qui permet aux Blancs d'être racistes tout en gardant une image positive d'eux-mêmes, notamment lorsqu'ils justifient la blancheur intégrale de leurs lieux de travail par le fait que les non-Blancs ne proposent pas leur candidature ou en attribuant les inégalités à d'autres causes que le racisme, en évitant le vocabulaire racial direct et en privilégiant des termes racialement codés comme urbain, défavorisés, diversité, quartiers sensibles et bons quartiers. »

Pointer du doigt une attitude raciste chez eux ne provoquera ni soulagement ni gratitude, mais embarras, voire colère et déni. Pour eux, seules les mauvaises personnes sont racistes. Seule une discrimination, cet acte délibéré, est problématique. Pourquoi ce « mécanisme de défense », ce « stress » chez les progressistes ? Qu'est-ce qui gêne tellement ?

> « Nous, les progressistes blancs, pouvons être les plus ardus à gérer pour les personnes non blanches, dans la mesure où nous avons l'impression d'avoir tout compris et où nous allons consacrer toute notre énergie à en convaincre les autres au détriment de ce qu'il nous est nécessaire de faire pour le restant de notre vie : continuer sans répit à prendre conscience de ce que nous sommes, continuer à apprendre, nouer des relations et nous adonner à de véritables pratiques antiracistes. Nous, les progressistes blancs, soutenons et perpétuons véritablement le racisme, mais notre position défensive et nos certitudes rendent quasiment impossible à quiconque de

---

[124] Reni Eddo-Lodge, *Le racisme est un problème de Blancs*, Autrement, 2018.

> tenter de nous l'expliquer », conclut DiAngelo dans son livre qui a rencontré un grand succès.

On le voit, chez la plupart des penseurs américains reconnus, il y a davantage de pédagogie qu'une démarche accusatoire dans l'appel à rester « éveillé ».

Ces constats n'empêchent pas en outre l'amour du drapeau qui, aux États-Unis, flotte devant chaque maison, même chez l'immigré le plus récent. Malgré la violence de l'histoire américaine pour les Noirs, la vice-présidente Kamala Harris peut dire, sans retenue : « J'aime notre pays de tout mon cœur[125]. »

Vous avez dit intersectionnalité ?

L'intersectionnalité, qui permet d'embrasser la juxtaposition des discriminations, est aussi l'objet de beaucoup de malentendus.

L'analyse intersectionnelle a émergé à la fin des années quatre-vingt grâce à une juriste américaine Kimberlé Crenshaw, professeure de droit à Colombia et à l'Université de Californie Los Angeles[126]. À l'origine, elle concernait le sort des femmes noires dans les mouvements féministes, essentiellement blancs. Les seconds visaient l'égalité, mais certains employaient les premières comme femmes de ménage ! De fait, la question sociale s'ajoutait à celle du genre.

À l'inverse, l'analyse intersectionnelle permet de dire que leur couleur de peau ne devrait pas servir à exonérer certains hommes noirs, dont il a longtemps été compliqué de pointer la violence : aux États-Unis, les cas de Anita Hill qui avait témoigné contre le futur juge à la Cour suprême, Clarence

---

[125] Tweet de Kamala Harris du 3 septembre 2024 pendant la campagne présidentielle.

[126] Kimberlé Crenshaw, *Demarginalizing the Intersection of Race and Sex: A Black Feminist Critique of Anti- discrimination Doctrine Feminist Theory and Antiracist Politics*, University of Chicago Legal Forum, 1989.

Thomas, en 1991, ou du chanteur Puff Daddy qui assenait régulièrement des coups à sa compagne dans les années 2000, ont permis de souligner la responsabilité de ces hommes-là.

C'est cette complexité que visent les études intersectionnelles. Tout n'est pas noir ou blanc. Les considérations sociales et de genre, de validité ou d'orientation sociale peuvent se superposer pour rendre les discriminations cumulatives. Pourquoi faudrait-il choisir de combattre une seule de ces discriminations, et pas l'ensemble ? Plutôt qu'une concurrence victimaire ou une hiérarchie des oppressions, c'est une convergence des solidarités qui est recherchée.

La réalité intersectionnelle n'est pas née avec Crenshaw : elle existait avant sa conceptualisation. La féminisation de la pauvreté chez les classes populaires, la mortalité des femmes noires en couches, l'exclusion des lesbiennes dans le mouvement homosexuel, tout cela n'est pas apparu en 1989 avec la parution de son essai... Mais elle a permis de rendre certaines politiques publiques plus efficaces.

Prenons l'exemple des jeunes filles noires disparues aux États-Unis. Il a fallu que les associations tirent la sonnette d'alarme après avoir constaté l'absence d'enquête sérieuse[127], à l'inverse de la couverture médiatique qui accompagne la disparition des filles blanches. Cette différence de traitement a une explication : une sexualisation (« adultification bias ») qui touche d'abord les enfants noirs, vus comme étant plus mûrs, plus âgés qu'ils ne sont en réalité. Ainsi perçus, ils subissent plus souvent des punitions à l'école ou font plus fréquemment l'objet d'arrestations par la police. Quant aux Noires, elles sont vues comme moins innocentes que leurs consœurs blanches. On a préféré blâmer leur comportement,

---

127 Selon le Centre national d'information sur les crimes, plus de 90 000 femmes et filles noires étaient signalées disparues en 2020.

voyant en elles davantage des coupables plus enclines à disparaître volontairement.

En France, au lieu de voir la démarche universaliste, certains ont relevé, derrière la question intersectionnelle, une obsession identitaire et séparatiste. De fait, de nombreuses politiques publiques ratent leur cible. C'est ainsi que la France n'a jamais eu de politique explicite de lutte contre les inégalités de santé : par crainte de les stigmatiser, les pouvoirs publics ont refusé de cibler des groupes sociaux spécifiques dont tout le monde savait qu'ils étaient pourtant les premières victimes du tabagisme. Ils ont alors lancé des campagnes indifférenciées fondées sur une hausse du prix du tabac, une mesure qui n'impactait nullement les milieux favorisés, déjà au fait de ce qu'il faut faire pour conserver son capital santé.

Black Lives Matter

Aux États-Unis, les lettres capitales jaunes, *Black Lives Matter*, s'étalent sur le bitume de la 16e rue, sous les fenêtres de la Maison-Blanche à Washington. C'est le résultat d'un réveil brutal à la suite de la mort de George Floyd en 2020, moins chez les Africains-Américains qui ne savaient que trop à quoi s'en tenir, que dans le reste de la population. Les Américains blancs n'ont jamais été aussi nombreux à rejoindre le combat antiraciste que cette année-là.

Cléopâtre, noire ?

Les Américains ont beau incarner des maux terribles allant des tueries de masse à la peine de mort, ils savent aussi trouver les outils de la mobilisation et dessiner les pistes du futur. Comme un miroir inversé, la France ne parvient à faire ni l'un ni l'autre.

Parce que la République ne reconnaît pas les races, ce qui est à son honneur (elles n'existent pas !), elle reste aveugle aux discriminations, ce qui la fragilise. Elle n'a pas les mots pour désigner ses minorités (Français issus de l'immigration ? Musulmans ? Français tout court ?), ni pour nommer certains des défis qui l'ébranlent (à tort ou à raison, on ne peut pas parler de privilège blanc, de contrôle au faciès, de violence policière), ni les outils, discutables ou non (on ne veut ni discrimination positive, ni récépissé de contrôle d'identité, ni une vraie réforme de l'école...), qui permettraient de les relever.

Alors que la langue française est bien plus riche que l'anglais, elle ne débat que de concepts importés des États-Unis. Ce n'est pas si grave : on sait que leurs réalités ne sont pas si éloignées ! Les références non plus, d'ailleurs. Foucault, Lacan, Bourdieu, Althusser, Fanon, Césaire : ce sont bien des auteurs français, représentants de la *French Theory*, qui ont introduit la pensée « DEI[128] » dans les universités américaines.

Plus grave, seuls les pires scénarios sont mis en avant dans les périodes électorales (le grand remplacement, la submersion migratoire, le « face-à-face[129] » entre les campagnes et les banlieues, la laïcité dévoyée comme outil d'affirmation identitaire plutôt que d'émancipation...). Comment alors s'étonner que ce soit vers l'Amérique que les minorités se tournent pour comprendre, dessiner d'autres possibles.

C'est sur Netflix qu'on leur apprend que Cléopâtre était noire sans que cette affirmation suscite des moqueries.

Comment sortir de ce constat d'impuissance ? Comment « faire France » ?

---

128 En anglais, DEI désigne « diversity, equity, inclusion », soit l'ensemble des programmes anti-discrimination aux États-Unis.

129 Cette expression fait référence aux mots de l'ancien ministre, Gérard Collomb, qui, s'exprimant lors de la passation de pouvoirs au ministère de l'Intérieur le 3 octobre 2018, craignait que le fossé entre les minorités et le reste du pays ne conduise demain les Français à vivre « face à face ».

Les statues de la discorde

À Paris, c'est Thomas Jolly, concepteur de la cérémonie d'ouverture des Jeux olympiques de Paris 2024, qui finit par mettre tout le monde d'accord. C'est en mondovision, devant un milliard de téléspectateurs, que surgissent de la Seine dix femmes en bronze. Christine de Pizan, Jeanne Barret, Paulette Nardal... : les Français n'avaient même jamais entendu parler de certaines d'entre elles. Avec ce tableau « sororité », la France a voulu rendre hommage à des femmes « invisibilisées » dans les rues de la capitale qui compte 260 statues d'hommes et d'une quarantaine de femmes seulement.

Nul besoin de déboulonner des statues pour « faire France ». Il suffisait donc d'en ajouter. Surpris, les Français chavirent devant ces monuments parisiens comme la Conciergerie et l'Institut, qui reprennent vie sous le fracas du métal de Gojira et la parole débridée d'Aya Nakamura.

Peut-être cette émotion planétaire qui a rendu les Français si fiers clôturera-t-elle cette vieille controverse « wokiste » autour des statues. Avant cela, il suffisait qu'une voix demande le déplacement de la statue de Jean-Baptiste Colbert, ce grand ennemi de la liberté à l'origine du Code noir, qui trône devant l'Assemblée nationale, pour qu'elle soit présentée comme « crachant » sur la France quand elle n'est pas accusée d'être sous influence américaine. Car les statues exposées dans les plus belles villes et les plus beaux villages de France ne sont pas neutres. Elles véhiculent un message : la fierté du pays qui honore ainsi ses plus illustres figures.

Colbert, ce héros

La célébration de Colbert dans les rues de Paris devrait heurter chaque Français, en tant qu'héritier de la patrie des droits de l'Homme. Encore faut-il que chacun soit informé de son œuvre. C'est sans doute là qu'il faut commencer avec les personnages similaires : au lieu de les célébrer dans les rues, les enseigner dans les écoles.

A-t-on dit aux Lillois que Faidherbe, dont la statue trône au cœur de la ville, était un colonisateur féroce ? A-t-on informé les Parisiens que Joseph Gallieni, qui est encore sur la place Vauban, est l'un des auteurs du massacre de Menalamba qui a fait des dizaines de milliers de morts à Madagascar ? Dit-on à l'écolier dont on a baptisé l'école du nom de Jules Ferry que ce dernier était le théoricien le plus vocal de l'expansion coloniale[130] ?

L'époque ne saurait excuser le code noir de Colbert : Clemenceau mériterait de le remplacer devant l'Assemblée nationale non pas seulement parce qu'il a été député de la République lui, mais surtout parce qu'il a su à la fois défendre Dreyfus, s'élever contre la colonisation en France après l'avoir fait contre l'esclavage aux États-Unis. Simplement au nom de l'égalité des êtres humains.

Clemenceau, comme d'autres, a été l'honneur de la France.

Clemenceau versus Tocqueville

Il faut écouter les mots du Tigre, qui n'avait pas besoin de vivre au XXIe siècle pour ressentir l'impératif d'égalité entre les races, au fond de ses tripes républicaines : « Cette guerre des races est une vieille affaire. Elle a commencé le jour où un homme blanc s'est approprié un homme noir », énonce-t-il le 29 novembre 1867 dans une de ses *Lettres des États-Unis* qu'il écrit depuis Washington pour *Le Temps*, l'un des rares organes de presse républicaine autorisés sous Napoléon III,

---

130 Dans son discours « Les fondements de la politique coloniale », prononcé à l'Assemblée nationale le 28 juillet 1885, Jules Ferry déclare : « Messieurs, il faut parler plus haut et plus vrai ! Il faut dire ouvertement qu'en effet les races supérieures ont un droit vis-à-vis des races inférieures. Je répète qu'il y a pour les races supérieures un droit, parce qu'il y a un devoir pour elles. Elles ont le devoir de civiliser les races inférieures. »

alors que, jeune journaliste de 24 ans, il séjourne aux États-Unis.

Sa farouche opposition aux idées du « républicain » Ferry et à toute entreprise coloniale vient de là. Georges Clemenceau fut un authentique républicain, un libéral. Comme le notent Patrick Weil et Thomas Macé, ce n'est pas simplement une déception amoureuse qui l'a poussé, alors qu'il venait d'achever ses études, à débarquer à New York[131].

Trente ans après Tocqueville, il trouve un pays épuisé par la guerre de Sécession, mais qui essaie vaillamment de bâtir une démocratie et une République. Mais c'est la résistance des États du Sud à l'abolition de l'esclavage qui cristallise les débats politiques à Washington. Témoin des massacres et des pendaisons de Noirs, Clemenceau tirera de cette expérience l'intime conviction que l'égalité des races n'est pas discutable : « Je les ai vus, ces hommes, ils paraissaient absolument incapables d'éducation et cependant aujourd'hui, délivrés de l'esclavage, l'Amérique n'a pas craint d'en faire des citoyens. Ils remplissent dignement leurs fonctions politiques et savent très bien respecter leurs droits », dira-t-il le 20 juillet 1882 devant la Chambre des députés, se souvenant de son séjour en Amérique. Pour lui, maudissant le successeur de Lincoln, le président Andrew Johnson, qui s'était rapproché du Sud pour consolider son mandat, « la question noire subsistera tant qu'elle n'aura pas été réglée dans le sens de la justice ».

Ses influences resteront dans l'histoire comme l'honneur des États-Unis, ces républicains radicaux comme Charles Sumner, Ben Wade, Henry Wilson au Sénat, George W. Julian, James M. Ashley et surtout son héros, l'avocat de Pennsylvanie, Thaddeus Stevens à la Chambre des représentants. Ce sont eux qui porteront la bataille du 14e amendement, celui des droits civils et politiques, et s'attacheront à ce que l'Union ne se fasse

---

[131] Patrick Weil et Thomas Macé, *Georges Clemenceau, Lettres d'Amérique*, Passés composés, 2020.

pas sur le dos des anciens esclaves. Clemenceau tiendra d'eux son refus de l'antisémitisme, qu'il exprimera dans l'affaire Dreyfus, et son anticolonialisme, qu'il portera partout.

Clemenceau, Stevens... ils étaient tous blancs. Tous républicains. Des patriotes. Ils n'avaient pas besoin d'être noirs pour ressentir la violence de l'injustice raciale. Qui pourrait dire aujourd'hui que Clemenceau, qui a sauvé cent fois la France, était moins républicain ou moins patriote que les censeurs d'aujourd'hui ?

Ou que Tocqueville lui-même, qui avait trouvé le moyen de vanter la démocratie américaine tout en fermant les yeux sur l'esclavage. Absurdement, il indique : « Au Sud de l'Union, l'esclavage existe. Tout ce que je viens de dire ne peut donc s'y appliquer. » Même Chateaubriand, qu'on ne saurait soupçonner de sympathies républicaines et qui avait été attiré par l'Amérique par goût de l'aventure plus que par conviction politique, avait su relever la contradiction fondamentale du modèle démocratique américain. Le 2 juillet 1791, alors que le *Saint-Pierre* le débarque dans la baie de Chesapeake, il lâche : « ce fut une esclave qui me reçut sur la terre de la liberté[132] ! »

Ne surtout pas déboulonner les statues

Dans les paysages français d'aujourd'hui, ils sont pourtant partout, ceux que Clemenceau dénonçait, pour l'honneur de la République, non pas en simples témoins du passé.

Ils sont célébrés dans les rues, les métros et les palais. Si la violence du déboulonnage n'est pas la solution, c'est bien parce que, selon les propos du président de la République le 14 juin 2020, « la République n'effacera aucune trace ni aucun nom de son histoire ». On n'est toutefois pas obligé

[132] François-René de Chateaubriand, *Mémoires d'outre-tombe*, Penaud Frères, 1849-1850.

d'honorer certaines figures : sinon pourquoi ne pas avoir gardé les statues de Pétain dans les rues de Paris ?

Les historiens le savent. On a pu célébrer Pétain puis le décélébrer en fonction des connaissances et, surtout, des priorités de l'heure. L'histoire de France est pleine de statues et de plaques qu'on enlève et qu'on ajoute. Elle est très longue, la liste des personnalités ou les pans de l'histoire de France que la République a « cancélisés ».

Durant la Révolution française, de nombreuses statues datant de l'Ancien Régime ont été enlevées de l'espace public, comme la *Statue équestre de Louis XIII*, originellement installée place des Vosges en 1632 avant d'être détruite en 1792. Sous Vichy, la loi du 11 octobre 1941 a permis l'enlèvement des œuvres incompatibles avec la Révolution nationale, celles de Camille Desmoulins, Corneille, Marat, Chopin, Condorcet, Lamartine, Victor Hugo... En demandant le retrait de la statue de l'archange saint Michel de la place publique de la ville des Sables-d'Olonne en décembre 2021, le tribunal administratif de Nantes a, plus récemment, rappelé que les emblèmes religieux n'avaient pas leur place dans l'espace public en vertu de « l'article 28 de la loi du 9 décembre 1905 concernant la séparation des Églises et de l'État[133] ».

À ajouter aux statues qu'on déplace, il y a celles qu'on s'honorerait à ajouter.

Une cancel culture d'État

La *cancel culture* n'est pas le fait des minorités, mais de l'État français, qui a fait le choix de célébrer une partie de l'histoire de France et d'en ignorer des pans entiers. Souvent, ce fut à son honneur.

[133] « La statue de saint Michel aux Sables-d'Olonne doit être enlevée confirme la justice », Yves-René Tapon, *France Bleu*, 16 septembre 2022.

Ainsi va l'histoire dans la République, une question de choix, d'angles de vue et de partis pris, de vérités partielles et de récits tronqués. L'histoire n'est pas objective. Les historiens ne le sont pas non plus. C'est une décision politique qui a dressé ces statues-là. Ce qu'une décision politique a fait, une décision politique peut le défaire. D'ailleurs, la décision a été prise par la Ville de Paris d'intégrer la Guadeloupéenne Solitude dans la galerie des statues parisiennes le 10 mai 2022 sur la place du Général-Catroux à Paris. Au niveau national, c'est Emmanuel Macron qui décide de faire entrer la résistante Joséphine Baker au Panthéon en novembre 2021.

Quant aux figures moins consensuelles, il y a des moyens « créatifs » de les maintenir sans les honorer. Pourquoi ne pas les préférer dans des lieux plus appropriés, comme les musées, où leur histoire, toute leur histoire, sera expliquée aux visiteurs, à l'image du musée de la Citadelle à Berlin, qui regroupe les œuvres du IIIe Reich et les statues coloniales ? Ou encore le Chazen Museum of Art dans le Wisconsin qui a organisé une exposition, « Re-mancipation », début 2023 autour de l'œuvre controversée de Thomas Ball de 1875, *Emancipation Group,* représentant Abraham Lincoln et à ses pieds un Noir récemment libéré de l'esclavage ?

Les maintenir dans l'espace public, c'est continuer à les honorer, à se mentir, à considérer qu'une partie du pays n'est pas des nôtres. Autrement, des dizaines de milliers de familles françaises resteront contraintes d'apprendre ces histoires dans la clandestinité plutôt qu'à l'école, nourrissant les théories du complot et le sentiment d'être mal aimées du reste du pays. Dans certaines familles françaises, on vit avec deux histoires de France parallèles, antagonistes. Il est temps, si l'on veut bâtir une Nation, de faire converger ces deux histoires. Cela fait trop longtemps qu'elles sont « face à face ».

« Nous ne sommes pas l'Amérique »

Les musées seraient l'endroit le plus indiqué pour cette éducation nationale. Alors que les États-Unis inaugurent les musées à la mémoire de l'esclavage au cœur de leurs plus belles capitales (à Washington, Montgomery, Cincinnati, Charleston plus récemment), et dans une moindre mesure la Grande-Bretagne (le International Slavery Museum à Liverpool), il n'y a aucun musée de l'esclavage en France. Aucun musée sur la colonisation pour un ancien empire colonial. Au motif que « nous ne sommes pas l'Amérique ». C'est unique au monde.

Le modeste musée de l'Immigration, localisé aux marges de Paris, n'a jamais été un lieu de convergence, de réconciliation ou de paix (on se demande même pourquoi on l'a créé), mais l'objet de controverses permanentes.

Résultat : au-delà du sport où les minorités sont surreprésentées, la France n'a ni Oprah Winfrey ni Barack Obama. Ni *Roots* ni Black Panther. Loin des tourments de l'héritage esclavagiste, les présidents de Google, Microsoft, Adobe, IBM, Fedex, Palo Alto Networks sont tous d'origine indienne. Le prix du déni français est élevé. Nous ne sommes pas l'Amérique, en effet.

Des Français plus ouverts qu'on ne le dit

Pourtant, les Français sont loin d'être la majorité silencieuse et hostile au nom de laquelle ces populistes entendent parler. L'extraordinaire succès de la cérémonie d'ouverture des Jeux olympiques de Paris, qui a mis en scène une France vibrante, fière et diverse, a démontré, malgré les procès en wokisme qui ont frappé cette dernière, que les Français sont heureux lorsqu'ils font commun. Ce fut presque une surprise que cette réaction des Français tant le pays a été rendu vulnérable ces dernières années par les séparatismes de tous bords. Et le monde entier a aimé la manière dont la France s'est présentée au monde.

Une majorité silencieuse et résiliente

Le taux des mariages mixtes dit la conviction profonde du pays : il représente 27 % des mariages célébrés en France. Non seulement ce chiffre est en constante progression – il n'était que de 6 % dans les années 1950[134] –, mais il est largement au-dessus de celui des États-Unis[135] (20 %).

Autre indicateur de l'ouverture de la société française : près de 25 % des enfants de quatre ans ou moins ont un ou deux parents immigrés, selon l'INSEE, 40 % ont un rapport avec l'immigration soit parce qu'ils le sont eux-mêmes, soit parce qu'ils ont deux parents immigrés, soit parce qu'ils ont un grand-parent immigré[136]. Il n'est dès lors pas surprenant que le nombre de Français qui se disent « pas racistes du tout » ait augmenté, passant de 54 à 63 % entre 2008 et 2022, qu'ils soient également moins nombreux à accabler les personnes d'origine étrangère pour leurs difficultés d'intégration (de 67 % à 37 % entre 2013 et 2022) et qu'ils soient plus nombreux à ne trouver aucune excuse aux comportements racistes[137] (51 à 57 % de 2018 à 2022).

Sur le plan économique, agents de sécurité, auxiliaires de vie, médecins, employés de maison, femmes de ménage dans les bureaux, ouvriers du bâtiment font tourner des secteurs entiers de l'économie française. Ainsi, alors que les immigrés représentent 10,3 % de la population française, ils sont 38,8 % des employés de maison, 28,4 % des agents de

---

134 *INSEE Première*, nº 1638, 13 mars 2017.

135 Chiffres 2022 de Pew Research Center.

136 *INSEE Première*, nº 1910, 5 juillet 2022.

137 *La lutte contre le racisme, l'antisémitisme et la xénophobie,* Rapport 2021 de la Commission nationale consultative des Droits de l'Homme.

gardiennage et de sécurité ou encore 24,1 % des ouvriers non qualifiés du bâtiment[138]. Du fait de leur forte présence dans l'hôtellerie, le secteur touristique en France, première destination internationale, s'effondrerait sans eux. Ils ont nourri les bataillons de travailleurs essentiels durant la pandémie de Covid-19, dans les rayons des supermarchés comme dans les maisons de retraite. Quant aux allocations sociales dont ils bénéficieraient plus que les natifs, non seulement il a été démontré que c'est tout simplement faux, mais en outre, appartenant à des classes d'âge plus actives, ils consomment et cotisent davantage que le reste de la population[139].

Droite : mission et démissions

Sans doute cette ouverture explique-t-elle pourquoi cette majorité, loin d'être silencieuse, ne cesse avec une constance remarquable de refuser l'extrême droite au pouvoir grâce au front républicain, mais aussi de sanctionner ceux qui, à droite, prétendent la représenter : des élections présidentielles de 2012 face à la gauche à celle de 2022 avec la débâcle historique de 4,9 %, loin derrière les centristes, en passant par les élections européennes de 2019 et de 2024, à chaque fois, non seulement la droite a été battue par les autres partis de gouvernement, mais elle est aujourd'hui dominée par l'extrême droite qui, en 2024, compte 143 députés à l'Assemblée nationale alors qu'elle n'en a plus que 47.

La vocation de la droite, qui a donné cinq présidents à la France depuis 1958, a toujours été de garder la frontière de la République : tel était le sens du cordon sanitaire qui protégeait le pays des nationalistes. Pour l'avoir oublié, la droite républicaine a perdu sa boussole historique et son électorat.

---

138 « Comment le travail des immigrés contribue à limiter la pénurie de main-d'œuvre en France », Marie Charrel, *Le Monde*, 22 septembre 2023.
139 Perspectives des migrations internationales 2021, Organisation de coopération et de développement économique (OCDE).

En revanche, le départ vers Emmanuel Macron, élu en 2017 et réélu en 2022, de pans entiers d'électeurs de droite démontre que ces derniers n'ont nullement l'intention de se laisser caricaturer.

L'école française, le point faible

L'école, cœur battant de la République, est l'illustration la plus douloureuse des conséquences d'un universalisme expurgé de sa composante antiraciste. Relevant qu'elle « reste un aspect très minoritaire des travaux de sciences humaines et sociales », Ismaël Ferhat en explique les raisons par la « réduction des inégalités de traitement ethno-raciales à la seule classe sociale », « la mythification de l'école républicaine, censée être "immunisée" vis-à-vis des discriminations », « les mécanismes de défense des classes moyennes et supérieures diplômées, dont sont issus une bonne partie des personnels éducatifs, rejetant souvent la responsabilité des mécanismes discriminatoires et ségrégatifs sur la seule "white working class" — superposant un violent mépris de classe à une bonne conscience progressiste ». Pour Ferhat, ce « déni est d'autant plus problématique à l'école que les CSP+ et classes moyennes intellectuelles entretiennent des stratégies scolaires interagissant directement avec des processus discriminatoires raciaux dans l'éducation ». Tous ces effets se cumulent pour produire, chez les jeunes, un violent « ressenti discriminatoire : ainsi, en 2021, les habitant(e)s de Seine-Saint-Denis sondé(e)s placent le système éducatif (78 %) juste après... la police et la justice (81 %) dans la hiérarchie des lieux ressentis de discrimination[140] ».

Pas étonnant, en effet, qu'à chaque émeute urbaine, bien que ces gestes ne soient nullement excusables, les écoles soient — avec les commissariats de police — ciblées par les jeunes émeutiers. Cela surprend toujours les observateurs. L'explication vient de là.

---

[140] https://Twitter.com/FerhatIsmail7/status/1677590554341789696.

Pour une politique d'égalité et de justice

La seule réponse au wokisme est, à cet égard, une politique d'égalité et de justice qui n'occulte pas les différentes dimensions des discriminations, tout en restant fidèle à l'esprit français de concorde nationale, fondé sur le refus des séparatismes.

Contrairement aux États-Unis où la notion de race est intégrée aux politiques publiques, la France, par l'article 2, 1er alinéa de sa Constitution du 4 octobre 1958, énonce qu'elle « assure l'égalité devant la loi de tous les citoyens sans distinction d'origine, de race ou de religion ». On se méfie en effet des notions racialistes qui aboutiraient à séparer les citoyens, et c'est tout à l'honneur de la République. Les minorités elles-mêmes, qui, dans leur grande majorité, sont nourries de ces principes républicains, ne considèrent pas la race comme un élément structurant de leur identité, ainsi que le prouve la quasi-absence d'organisations communautaires dans le pays.

Pourtant, la sous-représentation de ces minorités dans les lieux de décision, illustration de pratiques discriminatoires qui ne disent pas leur nom, ainsi que la popularisation de théories telles que le grand remplacement viennent rappeler que ces citoyens ne sont pas toujours des Français comme les autres, de surcroît dans un pays où le nombre de députés d'extrême droite est passé de 2 à 143 entre 2012 et 2024.

De la même manière, il faut aussi se méfier du concept, populaire chez les nationalistes et même chez la plupart des républicains, de la « France périphérique ».

C'est une grille de lecture tout aussi séparatiste. Ce wokisme à l'envers nous vient aussi des auteurs américains[141]

---

[141] Comme Thomas Frank, Richard Florida, David Brooks, Wendy K. Tam Cho, David Graeber, Hanna Rosi.

et du mouvement Tea Party des années 2000. Selon cette pensée popularisée en France par Christophe Guilluy[142], ce sont les habitants des petites villes et des campagnes qu'il faut plaindre, victimes du mépris des métropoles privilégiées et de la « préférence étrangère ». Comme le wokisme qu'il dénonce, ce concept séparatiste masque mal son fondement racialiste avec cette idée d'insécurité culturelle qui le complète. Le « on n'est plus chez nous » n'est pas bien loin de cette approche qui a permis de faire prospérer le vote extrémiste. On montre du doigt les banlieues qui « brûlent des voitures et reçoivent des milliards ». Pourtant, province ne rime pas toujours avec pauvreté : d'Arcachon à Amiens, de nombreuses villes de province ont leurs élites privilégiées, elles aussi. À l'inverse, les banlieues populaires souffrent du même manque de médecins ou de transports que les campagnes sinistrées. Mais, de manière similaire, leurs jeunesses sont confrontées aux mêmes difficultés lorsqu'il s'agit de trouver un emploi. Il y a une France des oubliés dans cette France périphérique, qu'elle soit urbaine ou rurale.

C'est donc à la République qu'il revient de mettre en concordance ses principes et ses actes pour enfin répondre à cette exténuante réalité qui laisse le pays face à des démons qui le divisent, l'épuisent et le déclassent.

L'évocation de ces questions n'a pas pour objectif de mettre qui que ce soit mal à l'aise, mais de faire face ensemble à une réalité que les Français ont en partage et que, pour cette raison, ils pourront surmonter ensemble.

---

[142] Christophe Guilluy, *La France périphérique, Comment on a sacrifié les classes populaires*, Flammarion, 2014.

VI.

Les États-Unis face au mouvement des néo-souverainistes

« À l'heure actuelle, il y a des changements — comme on n'en a pas vu depuis 100 ans — et c'est nous qui les initions ensemble » : ces mots du président chinois Xi Jinping ont été captés à la porte du Kremlin le 22 mars 2023 alors qu'il était raccompagné par Vladimir Poutine, au terme d'une visite historique à Moscou. Le président russe avait alors répondu : « Je suis d'accord. »

Alors même que, sur le plan domestique, leur démocratie est sous pression, les États-Unis évoluent parallèlement dans un monde en voie de désoccidentalisation.

« Mal nommer les choses »

Certes, la fin de la guerre froide avait marqué la victoire de la démocratie libérale sur le grand rival soviétique puis la consécration de la mondialisation, le tout sous impulsion américaine.

Toutefois, la mise en cause de ce système, qui n'était certainement pas la « fin de l'histoire[143] », a brutalement commencé avec le 11 septembre 2001 (une sanglante mise en cause de la mondialisation culturelle) avant de trouver une accélération avec la crise financière de 2008 (une mise en cause de la mondialisation financière) et enfin la pandémie de Covid-19, ce sauve-qui-peut général qui va considérablement affaiblir l'écosystème multilatéral. À la faveur de cette redistribution des cartes, des rivaux régionaux, complètement désinhibés (avec pour têtes de pont la Turquie, l'Inde, le Brésil, l'Afrique du Sud, les pays de la péninsule arabique, ou... la Russie), ont surgi aux côtés des États-Unis et désormais de son rival économique principal, la Chine, donnant le sentiment d'une fragmentation du monde.

Un changement d'époque

Dans l'ère post-covid, le retour des talibans en Afghanistan, la réactualisation des vieilles guerres au Moyen-Orient, le réveil de la Russie et le retour de la guerre en Europe en sont les illustrations les plus éclatantes. Nous vivons un changement d'époque, une transition où « le vieux monde côtoie le nouveau », où « les forces de la destruction côtoient celles de la genèse, où Chaos enfante Cosmos[144] ».

Ces basculements ont favorisé un ordre international nouveau impulsé par des pays que certains commentateurs appellent « le reste du monde » alors qu'ils sont le monde. Leur population et leur richesse sont supérieures à celles du G7. Les mieux intentionnés les regroupent, de manière paresseuse, sous le vocable de « Sud global », expression qui ne

---

[143] Francis Fukuyama, *The End of History and the Last Man, Free Press*, 1992.
[144] Edgar Morin dans *Les Rencontres de Pétrarque*, France Culture, 9 juillet 2024.

désigne rien d'autre qu'une masse immense et informe, quoique menaçante, sans direction ni cohérence.

Le premier à avoir utilisé l'expression est un activiste américain, Carl Oglesby, dans le magazine catholique libéral *Commonweal*, où il qualifiait la guerre au Vietnam comme l'histoire de « la domination du Nord sur le Sud global ». Néanmoins, ce n'est qu'après l'éclatement de l'Union soviétique en 1991 — qui a marqué la fin du soi-disant « second monde » — que le terme a pris de l'ampleur. Jusque-là, les pays en développement étaient regroupés sous le vocable de « tiers-monde » que l'on doit au Français Alfred Sauvy en 1952.

Curieusement, les porte-voix du « Sud global » ne sont même pas dans le Sud : la Chine et l'Inde se trouvent entièrement dans l'hémisphère nord. Il y a aussi du « Nord » dans le « Sud », à l'image des groupes citoyens (les Occupy Wall Street américains, les Indignés espagnols, les Gilets jaunes français, les Black Lives Matter, etc.), qui dénoncent les inégalités sociales, les politiques d'austérité et les injustices climatiques. Le Sud global n'est visiblement pas une géographie. Intégrant la Russie, il n'est pas non plus tout à fait assimilable au mouvement des non-alignés issu de la conférence de Bandoeng de 1955, incarnée par le Premier ministre de l'Inde, Jawaharlal Nehru, l'Indonésien Suharto, l'Égyptien Gamal Abdel Nasser ou le Ghanéen Kwame Nkrumah.

C'est donc un mouvement alternatif, davantage que sudiste, qui émerge. Dans une certaine confusion, cependant.

La contestation de l'ordre occidental

C'est que ce groupe est d'abord le symptôme d'une contestation, celle de l'ordre occidental, ce qui n'est pas assimilable à celle de la démocratie libérale. De nombreux pays et peuples peuvent contester l'ordre occidental tout en étant démocrates et/ou libéraux, à l'instar de l'Indonésie, du Pakistan, du Brésil, du Mexique et des pays africains comme l'Afrique du Sud ou le Sénégal. Aux Nations unies, aucun de ces pays n'a voté la condamnation de l'attaque russe contre l'Ukraine en mars 2022. Américains et Européens ont été surpris par ces votes qui rappellent, selon eux, ce que le secrétaire d'État américain John Foster Dulles qualifiait, pendant la guerre froide, de non-alignement « immoral ». Cette contestation s'élargit aux institutions financières comme lorsque le Ghana, la résumant en une formule « Le Ghana par-delà l'aide » (*Ghana beyond aid*), cherchait à s'émanciper des prêts du FMI en février 2022.

Ce scepticisme exprime une perte de confiance dans certaines valeurs véhiculées par les Occidentaux. Que vaut la démocratie, disent les rétifs, quand ils font silence sur la nature de certains de leurs alliés, à l'instar des régimes familiaux du Gabon ou du Tchad ? Que pouvaient bien valoir ces démocraties pré-coups d'État, soutenues par les Occidentaux au cœur du Sahel, et dont les organisations civiques locales dénonçaient la corruption ?

Bien plus que la concurrence chinoise ou russe, cette pratique du double standard a beaucoup coûté à l'influence occidentale dans les pays africains. Un sondage Gallup révélait qu'en 2023, la Chine y est devenue plus populaire (58 %) que les États-Unis (56 %) et que la Russie enregistre la hausse de popularité la plus forte parmi les partenaires de l'Afrique (+8 points en un an). L'échec sécuritaire dans le Sahel face au terrorisme, sanctionné par l'expulsion des troupes occidentales de la zone, jusqu'à la prise de distance du fidèle allié tchadien, et le sous-développement chronique dans ces pays sont venus parachever ce recul occidental en Afrique.

Ailleurs, l'arrivée d'une nouvelle génération, éduquée et conscientisée, a permis l'émancipation de la parole des Suds.

D'ailleurs, cette désillusion se retrouve aussi dans les pays occidentaux où les taux d'abstention aux élections battent des records et où la critique des inégalités socio-économiques fait écho aux prises de distance du Sud au point de converger lors des COP, des forums économiques et dans les universités occidentales les plus prestigieuses sur les questions du racisme ou de la Palestine.

La dynamique néo-souverainiste

Aussi, c'est une géopolitique du souverainisme qui se dessine dans cette partie du monde.

En Afrique, elle prend le visage de l'afro-souverainisme, ce mouvement d'affirmation d'une identité africaine, dans tous les champs : éducatif avec la restauration des savoirs africains précoloniaux, artistique avec le retour sur le continent des œuvres d'art spoliées, économique avec la volonté de se réapproprier les ressources naturelles, politique aussi. Renversant complètement la perspective, y compris géographique avec la réhabilitation de la carte de Peters[145], les néo-souverainistes contestent aux valeurs universelles véhiculées par les Occidentaux toute dimension civilisationnelle, messianique : pour eux, rappelant que cet universel-là ne l'a pas été tant que ça tant il excluait les femmes (du droit de vote) ou les Noirs (de l'espèce humaine), il n'y a pas de leçon à recevoir. Et puis, pour les néo-souverainistes, l'Occident n'a pas le monopole des valeurs universelles : la démocratie, les droits de l'Homme et l'État de droit n'ont-ils pas existé dans les civilisations africaines aussi ? On retrouve ce genre de réflexions un peu partout, du sous-continent asiatique aux confins de l'Amérique latine.

---

[145] Par opposition à la carte Mercator, largement répandue, la carte de Peters est une représentation plus exacte de la taille des continents. Sur cette projection, les proportions de l'Afrique sont bien plus grandes.

Il ne s'agit donc pas, comme cela se dit facilement, de l'expression d'une demande générale d'autoritarisme. Le néo-souverainisme est plus large que cela.

Bien sûr, on trouve dans cette partie du monde un rejet de la démocratie exploité par les régimes autoritaires que sont la Chine et la Russie, mais également les pays du Golfe. En Amérique latine, au-delà des cas traditionnels de Cuba, du Venezuela et du Nicaragua, le continent est traversé ces vingt dernières années par une nouvelle vague autoritaire comme au Salvador, au Guatemala et au Honduras[146], faisant de l'Amérique latine et des Caraïbes la région du monde où l'on observe les pires régressions démocratiques. En Afrique, cette tendance a trouvé son expression la plus éclatante dans la spectaculaire série des coups d'État survenus au Mali (mai 2021), en Guinée (septembre 2021), au Soudan (octobre 2021), au Burkina Faso (septembre 2022), au Niger (juillet 2023), et bien que de nature différente, au Tchad (avril 2021) et au Gabon (août 2023). Il a été aisé pour ces nouveaux pouvoirs de clouer au pilori les régimes qui les ont précédés, dont on connaissait les limites démocratiques ainsi que les échecs sécuritaires et/ou économiques. Mais la contestation ne saurait être réduite à cela.

Le refus du «sociétal»

Dans cet espace, on trouve aussi des tendances simplement conservatrices avec le rejet catégorique de l'extension des droits LGBT, y compris dans les démocraties les plus avancées comme le Sénégal au motif qu'il s'agit d'une importation occidentale dont il faut protéger leurs cultures et leurs traditions. On se rappelle comment le président Macky Sall a renvoyé dans ses buts le président Barack Obama, alors en visite à Dakar le 27 juin 2013 :

---

[146] « Latin America is under authoritarian threat », Index démocratie, *Economist Intelligence Unit*, 15 février 2023.

> « Le Sénégal est un pays tolérant qui ne fait pas de discrimination en termes de traitement sur les droits [...]. Mais on n'est pas prêts à dépénaliser l'homosexualité. C'est l'option du Sénégal pour le moment. Cela ne veut pas dire que nous sommes homophobes. Mais il faut que la société absorbe, prenne le temps de traiter ces questions sans qu'il y ait pression. »

Si l'Angola ou le Botswana ont dépénalisé l'homosexualité ces dernières années, l'Afrique du Sud est le seul pays africain à autoriser le mariage homosexuel. Sur le reste du continent, la crispation est forte. L'Ouganda s'est ainsi distingué en adoptant l'une des lois les plus punitives au monde en mai 2023. Les évêques africains ont également violemment protesté lorsque le pape François a autorisé la bénédiction des couples de même sexe en décembre 2023. C'est un élément de convergence souvent sous-estimé, mais qui a pris une place considérable dans cette résistance anti-occidentale.

Les Russes l'ont bien compris : intervenant au sommet Russie-Afrique de Saint-Pétersbourg en juillet 2023, le patriarche de « Moscou et de toutes les Russies » n'a pas manqué de rappeler que la reconnaissance en 2019 du groupe schismatique ukrainien par le patriarche Theodore, primat de l'Église orthodoxe d'Alexandrie, a motivé la décision de l'Église orthodoxe russe de fonder en 2021 l'exarchat patriarcal d'Afrique où le nombre exponentiel des églises chrétiennes constitue un terreau d'expansion certain.

Enfin, encore plus unanimement, c'est le rejet des pratiques impérialistes, vues comme coloniales, qui soude le plus les pays du Sud.

La montée des BRICS

Considérées comme unilatérales, les interventions militaires américaines à la Grenade (1983), au Panama (1989) et en Irak (2003) et les sanctions lancées un peu partout (Cuba,

Soudan, Syrie, Zimbabwe, Sahel, etc.) ont créé une sorte de fatigue et de réflexe anti-dollar dans certaines parties du monde. De fait, les sanctions contre la Russie en guerre contre l'Ukraine ont été habilement contournées grâce au soutien de la Chine, de l'Inde et de la Turquie, au point de renforcer l'économie russe malgré la guerre en Ukraine. À peine un an après le début de ce conflit, dépassant l'Arabie saoudite, la Russie est devenue le principal fournisseur de pétrole de la Chine, qui elle-même a continué à fournir à la Russie des puces électroniques qui se retrouvent dans les équipements militaires de cette dernière.

Alors que les exportations de pétrole de Russie vers l'Union européenne baissaient de 79 %, elles ont augmenté de 21 % vers la Chine, de 75 % vers la Turquie et de 111 % vers l'Inde[147] en 2023.

Avec ces nouveaux clients, la Russie a donc réussi à contourner les sanctions. Le Brésil a également exprimé son hostilité aux sanctions imposées à l'économie russe. La Corée du Nord a expédié un nombre important d'obus d'artillerie à la Russie. L'Iran a fourni des drones « kamikazes » sans pilote que Moscou a déployés pour des attaques contre des infrastructures civiles en Ukraine. Dubaï est devenue un refuge pour les oligarques et les élites pro-Kremlin. Pour l'Afrique du Sud, dont les liens avec l'URSS remontent à l'apartheid, l'Ukraine est une guerre européenne.

Brésil, Russie, Inde, Chine, Afrique du Sud sont au demeurant membres fondateurs des BRICS, lancés en 2009, et qui comptent, depuis le 15e sommet de Johannesburg d'août 2023, cinq nouveaux membres : l'Égypte, l'Éthiopie, l'Iran, l'Arabie saoudite et les Émirats arabes unis. Désormais, les BRICS+ représentent 46 % de la population mondiale et

---

[147] « Russie : Exportations de pétrole par pays et région, 2021-2023 », *Agence internationale de l'énergie*, 9 février 2024.

30 % du PIB mondial, davantage que le G7, mais toujours moins[148] que le G20. Pour les États-Unis et l'Europe, il est crucial de favoriser une plus grande inclusion des pays du Sud dans les institutions multilatérales qu'ils contrôlent s'ils veulent continuer à peser dans cette compétition à vaste échelle. À commencer par les institutions financières de Bretton Woods à Washington.

Les BRICS l'ont bien anticipé : comme un contrepied à la politique de conditionnalité de ces dernières, les BRICS ont développé une stratégie plus conciliante en matière de prêts aux pays pauvres, avec cette Nouvelle Banque de développement (NBD) créée en 2014 et présidée, depuis mars 2023, par l'ancienne présidente brésilienne, Dilma Rousseff. L'organisation, qui consacre 30 milliards à des projets de développement, affiche aussi la volonté de contribuer à la dédollarisation de l'économie mondiale, comme en témoigne la volonté du Brésil et de la Chine d'effectuer leurs transactions dans leurs monnaies respectives (et de se protéger ainsi des sanctions financières américaines). Il y a toutefois toujours loin entre ces prétentions et les résultats obtenus, comme le prouvent les difficultés de financement de la NBD, toujours très dépendante du dollar, et la création laborieuse d'un Fonds monétaire.

Rejet des pratiques faussement démocratiques, crispation autour des théories du genre, récusation de l'hégémonie financière occidentale : les formes de la contestation ne se recoupent pas toujours, laissant la voie à une grande variété de situations, voire de rivalités internes comme entre la Chine et l'Inde, mais leur point commun demeure un néo-souverainisme décomplexé et offensif.

---

[148] « BRICS+6 to control 30% of global GDP, 46% population: Note », *The Economic Times*, 29 août 2023.

Les intérêts avant les valeurs

Les États-Unis ne peuvent toutefois pas compter sur la désunion des néo-souverainistes. Prenant acte des rivalités occasionnelles au sein des BRICS, ceux-ci ont déjà compris qu'ils n'ont pas besoin d'être alignés sur tout, comme pendant la guerre froide, pour peser. Les alternatives économiques offertes par la Chine, la nouvelle offre sécuritaire russe et les opportunités venues du Moyen-Orient leur permettent d'avoir des options et de ne pas être prisonniers des Occidentaux et de leurs sanctions éventuelles. Ils ont aussi compris que l'avenir leur appartient : la transition verte ne se fera pas sans eux et la révolution démographique fait déjà d'eux l'atelier du monde.

Ils savent aussi converger lorsque c'est nécessaire, en fonction des opportunités de l'heure, sans idéologie. L'Inde peut ainsi faire partie du « Quad », un groupe parfois décrit comme une « OTAN asiatique » aux côtés des États-Unis, du Japon et de l'Australie, tout en refusant de condamner l'invasion de l'Ukraine par la Russie. Au sein de l'ASEAN, Singapour et les Philippines ont forgé des liens militaires étroits avec les États-Unis, le Myanmar avec l'Inde, le Vietnam avec la Russie et la Malaisie avec la Grande-Bretagne, l'Australie et la Nouvelle-Zélande.

Aux termes de « multi-alignement » ou « non-alignement stratégique », on préfèrera celui de diplomatie optionnelle, aux mécanismes plus fins et qui garantit aux réfractaires de l'alignement une certaine flexibilité aussi.

C'est ainsi que l'Iran et l'Arabie saoudite, qui avaient rompu leurs liens pendant sept ans, ont rétabli leurs relations diplomatiques grâce à la médiation de la Chine en mars 2023. Enhardi, le prince héritier, Mohammed ben Salman, allié historique des États-Unis, révoque *de facto* le pacte du

Quincy[149] pour refuser une baisse du prix du pétrole, instamment réclamée par le président américain sous la pression de la crise énergétique. Le président Mohammed ben Zayed, des Émirats arabes unis, lui, trouve le moyen à la fois de rencontrer en Russie le président Vladimir Poutine et d'offrir l'aérodrome d'Abu Dhabi pour le transfert de la basketteuse américaine, retenue à Moscou, Brittney Griner. En juin 2023, ce sont les présidents africains qui sont venus présenter à Moscou puis à Kiev un plan de paix à la suite de celui du président Lula en avril 2023, dans une « diplomatie de la navette » loin de chez eux et qui s'apparente à un « non-alignement actif », impensable du temps de la guerre froide : « João Goulart, qui a été président du Brésil de 1961 à 1964, aurait-il par exemple tenté de jouer un rôle de médiateur dans la guerre du Vietnam, de la même manière que Lula le fait avec l'Ukraine ? » s'interroge Jorge Heine[150].

Car le néo-souverainisme n'est pas un repli sur soi ni une neutralité que le droit international reconnaît et enserre dans des normes de droits et de devoirs. Ainsi, tout en renforçant sa position au sein des BRICS, la Chine infiltre toutes les institutions multilatérales, rejoignant les Nations unies en octobre 1971, le Fonds monétaire international et la Banque mondiale en 1980 et l'Organisation du commerce mondial en décembre 2001. Après les États-Unis, la Chine est même devenue le deuxième contributeur financier aux opérations onusiennes de paix[151]. C'est aussi en 2019 qu'un Chinois a été élu à la tête de l'Organisation pour l'alimentation et

---

[149] Du nom de ce croiseur où le président américain Franklin Roosevelt et le roi saoudien Ibn Saoud ont, le 14 février 1945, conclu un étonnant accord « sécurité contre pétrole » de 60 ans (renouvelables, ce qui fut fait en 2005).

[150] « The Global South is forging a new foreign policy in the face of war in Ukraine, China-US tensions: Active non-alignment », Jorge Heine, The Conversation, 16 juin 2023.

[151] Selon les données de la période 2020-2021 fournies par les Nations unies lors de la 74e session de leur Assemblée générale.

l'agriculture (FAO). Non seulement son pouvoir de vote s'est accru dans ces institutions, mais, n'étant pas à un paradoxe près, la Chine a également bénéficié d'un soutien financier grandissant de ces institutions. Les Nations unies relèvent également qu'elle a « une dette inédite de 246 millions de dollars au budget ordinaire de l'ONU[152] ».

De la nécessité de se repositionner

Ces évolutions apparaissent trop profondes pour n'être qu'une transition, même longue. C'est juste le nouvel état du monde. Il exige des Occidentaux, à commencer par les États-Unis, de se repositionner.

Dans la mesure où l'affirmation de valeurs n'est plus aussi opérationnelle qu'avant, il s'agit de prouver l'efficacité de l'offre américaine et de « délivrer ».

Nations unies : « changer ou disparaître »

Mais c'est bien sur l'élargissement du Conseil de sécurité des Nations unies que Washington est attendu. L'Inde, le Brésil et l'Afrique du Sud se pressent pour rejoindre l'institution en tant que membres permanents alors que se pose la question de sa réforme institutionnelle et de son adaptation aux évolutions en cours.

Un système multilatéral paralysé

Depuis l'entrée en vigueur de la Charte des Nations unies le 24 octobre 1945, et succédant à la Société des Nations, l'ONU, dont la mission est d'assurer la paix et la sécurité mondiales, est passée de 51 à 193 États membres, avec un

---

152 « Cinquième commission : avec une dette totale de plus d'un milliard de dollars, les États-Unis et la Chine annoncent des versements au budget ordinaire de l'ONU », Communiqué des Nations unies lors de la 6e séance plénière de la 78e session, 17 octobre 2023.

glissement du Nord au Sud. L'existence même d'un Conseil de sécurité des Nations unies composé de cinq membres permanents comprenant la Chine, la France, la Russie, le Royaume-Uni et les États-Unis en fait un organe plus aristocratique que multilatéral.

De fait, la Charte n'a été modifiée que cinq fois dans son histoire, dont la réforme de 1963 qui a permis d'augmenter le nombre de membres non permanents au Conseil de sécurité, suite aux pressions du Mouvement des non-alignés, et pas une seule fois depuis 1973.

Pire encore :

> « L'organe le plus puissant de l'organisation la plus mondiale a largement contourné les problèmes les plus urgents du monde... Il n'a pas réussi à répondre efficacement aux crises internationales telles que le génocide au Rwanda, le massacre de Srebrenica en Bosnie, la deuxième guerre en Irak, la guerre civile syrienne, l'annexion de la Crimée par la Russie et les atrocités de masse dans la région soudanaise du Darfour et dans l'État de Rakhine au Myanmar, entre autres[153]. »

Effacée pendant la guerre froide par la rivalité États-Unis–URSS et le long conflit israélo-palestinien où des dizaines de vétos ont réduit à néant ses résolutions, l'ONU aura été un spectateur impuissant de la cascade de crises de la dernière décennie comme en Syrie, en Ukraine, à Taiwan, pendant la pandémie de Covid, la guerre à Gaza à la suite des attentats en Israël du 7 octobre 2023.

Elle a également été supplantée par des interventions unilatérales (Afghanistan, Libye) ou chassée après de lourds échecs sécuritaires (du Mali avec la Minusma ou de la RDC

---

[153] « How the UN Security Council can reinvent itself», Uri Friedman, *The Atlantic,* 7 juillet 2022.

avec la Monusco), marquant « la fin d'une époque, celle du maintien de la paix onusien dans sa version classique, justement parce que la réforme vers l'imposition de la paix n'a pas été possible[154] ». Il n'y a guère que les agences onusiennes comme le Programme des Nations unies pour le développement (PNUD), le Fonds des Nations unies pour l'enfance (UNICEF), le Programme alimentaire mondial (PAM) qui échappent au discrédit du système onusien, car réduites à leur mission tellement utile de développement.

En plus d'une réforme rendue impossible par le droit de véto des membres permanents du Conseil de sécurité qui n'ont aucune raison de se saborder, la logique stato-nationale empêche de s'attaquer aux problèmes systémiques comme le climat : en 2021, la Russie a opposé son véto à une résolution plutôt anodine voyant le changement climatique comme une menace à la paix et à la sécurité, malgré le coparrainage de la résolution par 113 pays — le deuxième record pour un projet de résolution dans l'histoire de l'organisation.

Désormais, l'ONU fait face à la concurrence de multiples forums qui accélèrent sa crise : après le monde occidental (G7, G20, OTAN), c'est désormais dans les pays du Sud que les institutions concurrentes se multiplient (Club de Valdai en Russie, le Forum de Shangri-la à Singapour, le Forum de Astana, et bien sûr les BRICS...).

Réformer le Conseil de sécurité

De nombreuses propositions de réformes ont été faites pour mieux refléter la nouvelle répartition du pouvoir dans le monde sans qu'il ait eu de progrès notable.

Certaines sont régionales avec l'entrée de nouveaux membres permanents au Conseil de sécurité afin d'en renforcer la

---

[154] « Le temps des grandes missions de maintien de la paix de l'ONU est révolu », Thierry Vircoulon, *Afrikarabia,* 10 juillet 2023.

représentativité. Ainsi, conformément au consensus d'Ezulwini, l'Union africaine a proposé deux sièges permanents avec véto et cinq sièges non permanents (au lieu des deux qu'elle détient actuellement) pour l'Afrique. Après tout, « en 2020, les États membres africains représentaient 28 % des membres de l'ONU et ont fait l'objet de plus de 50 % des discussions et des résolutions du Conseil de sécurité de l'ONU », sans parler du fait qu'au cours « des vingt dernières années, l'Afrique a développé une architecture continentale complexe de paix et de sécurité[155] ».

D'autres insistent pour une meilleure intégration des acteurs non étatiques, tels que « le secteur privé, la société civile et les organisations non gouvernementales », plus en conformité avec l'esprit du Préambule de la Charte des Nations unies : « Nous peuples des Nations unies », et en phase avec le besoin « d'intégrer le multilatéralisme dans la culture populaire[156] ».

D'autres idées insistent davantage sur la nécessité de pouvoir contourner le véto d'un membre par une majorité qualifiée de l'Assemblée générale ou les deux tiers de la population mondiale. Bien sûr, cela supposerait de modifier la Charte des Nations unies, ce qui est impossible sans les membres permanents.

De fait, le seul changement qui a eu lieu et est entré en vigueur le 22 avril 2022, juste après l'agression russe de l'Ukraine, est demeuré modeste : un véto à une résolution du Conseil de sécurité déclenche désormais automatiquement un débat sur le sujet à l'Assemblée générale dans les dix jours.

---

[155] « The UN Turns Seventy-Five. Here's How to Make it Relevant Again », Gustave de Carvalho, *Global perspectives, Council of Foreign relations*, 14 septembre 2020.
[156] *Idem*. Contribution de Ricardo Ernesto Lagorio, Membre du Conseil argentin des relations étrangères.

Bien que peu soient entièrement satisfaits de la performance de l'ONU depuis sa création, rares sont ceux qui pensent que le monde se porterait mieux sans elle. Parmi ses succès, elle a voté la suspension de la Russie du Conseil des droits de l'homme, engagé une nouvelle mission de l'Union africaine en Somalie ou prolongé la mission de l'ONU en Afghanistan.

Dans un tel système, au lieu de s'en retirer ou de rester sur la défensive, les États-Unis pourraient retrouver un leadership « moral » en prenant l'initiative d'une réforme systémique qui redistribuerait les cartes et mettrait au défi la Chine et la Russie de mettre en conformité leurs promesses et leurs actes vis-à-vis des pays du Sud qu'ils prétendent défendre.

Un monde désoccidentalisé, mais pas tout à fait post-américain

Les États-Unis ont des atouts, et d'abord cette capacité d'innovation et son attractivité pour tous les « dreamers » de la terre, qu'on ne trouve ni en Russie ni en Chine. Même pour les Chinois, l'Amérique reste un horizon : ils constituent la population la plus nombreuse parmi les étudiants étrangers installés aux États-Unis[157]. Car si le monde se désoccidentalise, il n'est pas encore tout à fait « post américain », laissant aux États-Unis une marge de manœuvre que l'Europe, ralentie par le vieillissement de sa population et de ses idées, n'a plus.

Le retour du gendarme du monde

Après vingt ans consacrés à la lutte contre le terrorisme, le retrait d'Afghanistan suivi immédiatement après de l'accession des talibans au pouvoir en août 2021 avait semblé sonner le

[157] « Chinese Still Largest Group of Foreign Students in US », Aline Barros, *Voice of America*, 21 décembre 2023.

glas de l'interventionnisme militaire américain. Pire, cet échec stratégique avait semé le doute. C'était le temps de la retenue, telle que défendue par la droite nationaliste et la gauche pacifiste anti-impérialiste, unies dans une même détestation des élites libérales et des experts de Washington. On a ainsi vu Noam Chomsky saluer le sens politique de Donald Trump sur l'Ukraine[158] !

Eux, ne croient pas à une Amérique bienveillante, promotrice de la démocratie et des valeurs libérales dans le monde, soit par rejet des règles internationales qui menacent leurs valeurs traditionnelles et leur souveraineté nationale (droite nationaliste), soit par rejet du capitalisme et de l'impérialisme (gauche). Cette parenthèse n'aura duré que 6 mois.

Le 24 février 2022, 130 000 soldats russes se massaient à la frontière ukrainienne avant de lancer un assaut qui faisait revenir la guerre en Europe, l'OTAN et les États-Unis aux avant-postes, en gendarme de l'Europe et au-delà, dans une époque encore plus dangereuse que pendant la guerre froide. Les contre-pouvoirs internationaux sont réduits avec l'affaiblissement de l'Agence de contrôle des armements et de désarmement, l'abrogation du traité ABM (antimissile balistique), la suspension du traité sur les forces conventionnelles en Europe, et l'abrogation du traité sur les forces nucléaires intermédiaires.

La Chine entend doubler son arsenal nucléaire d'ici 2030, trahissant son ambition de puissance globale. En attendant, elle a de grandes prétentions en mer de Chine et dans le détroit de Taïwan, et ne compte pas se limiter à une seule base militaire (celle de Djibouti). Les États-Unis n'envisagent pas de laisser Russes et Chinois déployer des exercices navals

---

158 « Is there such a thing as nuance when it comes to Trump? », *Independent*, 3 mai 2022.

dans l'océan Indien même avec l'assentiment de l'Afrique du Sud.

Le Moyen-Orient est en ébullition depuis les attentats commis par le Hamas le 7 octobre 2023 contre Israël, « le pire pogrom de son histoire depuis la Shoah[159] », face à un Iran décidé à ne pas se laisser intimider.

Biden, une révolution économique

En remettant en cause une doctrine de 40 ans, le « consensus de Washington », fondé sur des principes libéraux, Joe Biden a entraîné son pays dans une nouvelle stratégie industrielle particulièrement interventionniste, faite de subventions massives et de droits de douane élevés. Alors que les États-Unis ne produisaient plus que 12 % des semi-conducteurs dans le monde en 2022, il fallait relancer la production manufacturière et se protéger des offensives commerciales chinoises, notamment dans le secteur des batteries électriques.

Cette stratégie donnera lieu à trois lois clés : adoptée en novembre 2021, la loi bipartisane sur l'investissement dans les infrastructures et les emplois, destinée à rénover routes, ponts et aéroports sur 8 ans (1 200 milliards de dollars), ainsi que le Chips and Sciences Act, dit loi Chips, avec 250 milliards de dollars de subventions pour la recherche publique et l'industrie des semi-conducteurs et le Inflation Reduction Act, dit loi IRA, un plan de 369 milliards de dollars sur dix ans pour stimuler la demande de véhicules électriques

[159] On doit cette formule à John Williamson qui l'a employée en 1989 pour désigner une liste de dix mesures économiques sur lesquelles les décideurs de Washington sont plus ou moins d'accord : Discipline budgétaire, définition de priorités en matière de dépenses publiques, réforme fiscale, libéralisation des taux d'intérêt, taux de change compétitif, libéralisation des échanges, libéralisation de l'investissement étranger direct entrant, privatisations, déréglementation et droit de propriété.

et accroître rapidement l'offre d'énergies alternatives, toutes deux adoptées en août 2022.

Au cours de l'année et demie qui s'est écoulée depuis l'adoption de la loi Chips, les entreprises manufacturières, avec l'aide du Gouvernement, ont investi 157 milliards de dollars dans de nouvelles usines : 28 nouvelles usines ont été ouvertes, créant plus de 25 000 emplois dans des villes à travers l'Amérique[160].

Pour continuer à peser, les États-Unis peuvent aussi compter sur le fait que les pays néo- souverainistes ont encore besoin d'eux pour se développer. Ils ont en effet la maîtrise des instruments financiers mondiaux bâtis autour du système de Bretton Woods.

En Afrique, par exemple, où la Chine, premier partenaire commercial des nations africaines, pourrait être contrainte de réduire la voilure en raison de ses problèmes domestiques, ils ont l'opportunité de rattraper leur retard à la condition d'élever le jeu. En deux décennies, les échanges commerciaux entre la Chine et l'Afrique ont, en effet, atteint 282 milliards de dollars[161] (en 2023) et la Chine y a construit le tiers des projets d'infrastructure : « 6 000 kilomètres de voies ferrées, 6 000 kilomètres de routes, 20 ports, 80 grandes centrales électriques, 130 hôpitaux et cliniques, 45 stades[162]... » Ces réalisations fondées sur le principe du « gagnant-gagnant » ont permis à la Chine de bénéficier du soutien africain dans les instances onusiennes, mais aussi sur le dossier de Taïwan si bien qu'il

160 Biden Says the CHIPS Act Will Save American Manufacturing: It Might Also Save His Campaign, Daniel Marsh, *Michigan Journal of Economics*, 8 mai 2024.

161 « Chine-Afrique : les échanges commerciaux ont augmenté de 1,5 % en 2023, à 282 milliards $ », *Agence EcoFin*, 30 janvier 2024.

162 Selon les déclarations de Wang Yi, ministre des Affaires étrangères chinois, à l'occasion du vingtième anniversaire des Forums Afrique-Chine le 13 janvier 2020.

n'y a plus qu'un seul État africain — Eswatini — qui soutient ce dernier.

Joe Biden s'est donc employé à réactiver les sommets diplomatiques USA-Afrique comme celui de décembre 2022, le premier en huit ans. Il a également annoncé un plan de 55 milliards en trois ans. Certains projets ont été annoncés, comme les accords Artemis sur l'espace, l'initiative de transformation digitale, le soutien américain au G20.

Des marges de manœuvre importantes

Les États-Unis ont aussi des atouts que la Chine n'a pas : une immigration qui leur assure une économie dynamique quand la Chine vieillit ; une diaspora africaine-américaine de plus en plus connectée avec le continent (la Chine n'a pas de Kamala Harris ni de Beyoncé !) ; des industries créatives et digitales qui font écho à l'innovation africaine, une économie du savoir qui continue de rendre les universités américaines attractives auprès de la jeunesse africaine.

Surtout, les États-Unis, par leur poids dans le système financier international, et en coopération avec les Européens, ont la capacité de peser sur le financement des économies africaines. Le plus jeune continent a besoin de créer 18 millions d'emplois par an là où il n'en crée que 3 millions. Or, l'investissement est rendu impossible en Afrique parce que le coût de l'emprunt y est beaucoup plus élevé qu'ailleurs. « Les pays africains empruntent en moyenne à des taux près de quatre fois supérieurs à ceux des États-Unis et près de huit fois supérieurs à ceux de l'Allemagne », si bien que « partout en Afrique, les dépenses d'intérêts ont dépassé 10 % des revenus d'exportation dans plus de 18 pays[163] ». Ce surcoût ne s'explique pas par l'incurie budgétaire des États africains ni par leurs performances économiques, supérieures à la

163 « L'Afrique exige un accord équitable de la part de la finance mondiale », Hippolyte Fofack, *Africa Business*, 4 avril 2024.

moyenne mondiale, mais bien par un système financier international qui leur est totalement défavorable.

En conséquence, Américains et Européens ont l'opportunité d'entendre l'appel des Africains pour une réforme de la gouvernance financière mondiale, une meilleure représentation africaine dans les institutions de Bretton Woods qu'ils dominent, un renforcement de leur pouvoir de vote, la création de mécanismes de « réduction des risques » pour favoriser les investissements privés, la réduction des taux d'intérêt appliqués aux emprunts africains. Alors que 80 % de la dette africaine est libellée en dollars, les États-Unis ont une occasion réelle de faire la différence face à la Chine. À commencer par la question climatique, dont le financement requerra 280 milliards de dollars sur la période 2020-2030[164], rien qu'en Afrique.

La fenêtre d'opportunité des Occidentaux ne restera pas longtemps ouverte tant l'Afrique est courtisée. Si l'influence russe s'exprime surtout par la propagande et les ventes d'armes faisant de la Russie le premier fournisseur d'armes des États africains et que l'Inde s'impose déjà comme le troisième partenaire commercial de l'Afrique, ce sont surtout les puissances émergentes (Arabie saoudite, Émirats arabes unis, Qatar, Turquie, voire la Malaisie et l'Indonésie) qui accélèrent leur partenariat avec les Africains. Si ces concurrents sont ambitieux, ils présentent des limites qui ne leur permettent pas, à l'inverse des États-Unis, de sérieusement concurrencer la Chine.

[164] « Perspectives économiques en Afrique 2023 » de la Banque africaine de développement.

Quant à l'Europe, qui détient deux vétos avec le Royaume-Uni et la France, elle tiendrait là une occasion de revenir dans la cour des grands.

Sur la défensive

Ce n'est pas tant qu'elle est entravée par le retour de la guerre sur son sol avec le conflit ukrainien. En effet, quand bien même une *Pax Europa* réglerait les conflits gelés d'Europe centrale, elle devrait encore faire face au rétrécissement de sa vision du monde causé par la pression des nationalistes, devenus la troisième force politique au Parlement européen au terme des élections européennes de juin 2024.

En témoigne la centralité de la question migratoire, principale boussole de sa politique étrangère vers le Sud. L'Europe se prive ainsi des atouts de sa proximité avec l'Afrique tout en négligeant l'importance d'une indépendance stratégique fondée sur une politique industrielle et technologique ambitieuse et sur une défense autonome. Loin d'être en état de « mort cérébrale », selon l'expression du président français Emmanuel Macron le 8 novembre 2019, l'OTAN est, de fait, devenu son seul bouclier face à un agresseur extérieur.

Quant aux valeurs, au-delà de la question ukrainienne, la plupart des gouvernements européens ne les mettent plus en avant. Pour preuve, les accords anti-migrants africains avec le Tunisien Kais Saied ou la coopération pour l'exploitation des minerais stratégiques de la République démocratique du Congo avec le Rwandais Paul Kagamé.

Sur le plan économique, l'Union européenne a beau afficher un PIB à peine inférieur (15,6 milliards de dollars) à celui de la Chine (17,3 milliards), elle n'innove plus. Dans le secteur des véhicules électriques, elle s'est lancée vingt ans après les Chinois dans les années 2020 en se concentrant dans le haut de gamme, alors que les Chinois faisaient le pari de la massification avec des voitures peu chères. La hausse limitée et de dernière minute des tarifs douaniers dissimule mal le retard stratégique des constructeurs européens.

Résultat : les têtes de pont flanchent. L'Allemagne, première économie du continent, voit le « made in Germany », de Miele à Bosch, délocaliser en Pologne, conséquence d'une baisse drastique des investissements. Cette évolution est d'autant plus inquiétante qu'elle ne s'explique pas simplement par des raisons conjoncturelles (comme le niveau élevé des taux d'intérêt et les difficultés d'approvisionnement énergétique), mais à cause du vieillissement de sa population.

Partenaire fidèle des États-Unis, la Grande-Bretagne, qui tirait sa force de sa puissance militaire, essentiellement navale et nucléaire, est en proie au doute sous l'effet du Brexit, des réductions budgétaires et de l'épuisement de ses forces alors même qu'elle voudrait peser davantage au Moyen-Orient et dans l'Indopacifique, deux zones stratégiques prioritaires pour son vieil allié américain.

«Afrique adieu»

Mais c'est la France qui est l'expression la plus malheureuse du décrochage européen à cause de sa perte d'influence en Afrique.

Sans l'Afrique, la France risque de n'être qu'une nation européenne parmi d'autres. C'est l'Afrique, en raison de la dynamique démographique, qui assure un avenir à la francophonie : Kinshasa n'est-elle pas, d'ores et déjà, la première ville francophone du monde, avant Paris ? C'est au Niger et en Namibie qu'elle trouve un tiers de son uranium, si décisif pour son pouvoir nucléaire et sa place au Conseil de sécurité des Nations unies. La France bénéficie aussi de liens humains inestimables avec le continent dus à la présence sur son sol d'une importante population africaine. Le fort taux de mariages mixtes est aussi la preuve que le divorce est davantage avec les gouvernements qu'avec le peuple français en lui-même, tenu loin des manœuvres françafricaines. Le sentiment anti-français s'est lentement renforcé sous l'effet, non pas de la seule propagande russe, mais de l'action de ces gouvernements.

Deux interventions militaires en 2011 ont précipité le divorce : en Côte d'Ivoire avec l'envoi de Laurent Gbagbo à la Cour pénale internationale (CPI) et en Libye, dont la désagrégation a participé à la déstabilisation durable du Sahel. Depuis qu'elle a été contrainte de quitter ses bastions sahéliens, la France est, chaque jour, exposée au déclassement et, pire encore, à la banalisation. Elle s'est même trouvée en butte à une compétition avec les États-Unis au Niger lorsque ceux-ci ont cherché à maintenir leur ambassade et leurs bases à la suite du coup d'État de juillet 2023. Au demeurant, la remise en cause de l'influence française n'est pas limitée aux pays ayant récemment subi des coups d'État comme le Mali, le Niger, le Burkina. Même dans les pays comme le Sénégal ou la Côte d'Ivoire, les murs disent : « France dehors ». Soixante ans après les indépendances, le franc CFA, la présence militaire, la question de l'exploitation des ressources naturelles, la gestion migratoire sont autant de sujets de friction. Désormais, en Afrique, les entreprises allemandes sont plus populaires que leurs consœurs françaises[165].

Restés sur des pratiques d'un autre temps, les gouvernements français ont eu du mal à voir que les Africains sont en train d'expérimenter une nouvelle phase de leur émancipation.

L'Afrique a changé. Certes, elle a engagé le doublement de sa population, si bien qu'en 2030, un être humain sur

[165] « L'Allemagne, pays le plus populaire chez les leaders d'opinion d'Afrique francophone, la France 5e », Victor Bérenger, *Jeune Afrique*, 8 février 2019.

quatre sera africain. Toutefois, responsables politiques et médias ne prêtent attention qu'aux risques migratoires, alors qu'avec 50 habitants au kilomètre carré soit trois à quatre fois moins que l'Union européenne, l'Afrique est encore, à cette heure, sous-peuplée. Ils ne voient pas non plus les consommateurs, les clients, donc les opportunités économiques, derrière cette révolution démographique.

Rares sont ceux qui relaient que c'est un continent en transition qui, avec 65 % des terres arables dans le monde, pourrait nourrir la planète.

Avec 30 % des minerais stratégiques, elle est indispensable à la transition verte dans le monde. Mais au-delà de ce dont la nature l'a pourvue, peu relèvent que le continent est en train de construire la plus grande zone de libre-échange au monde, une classe moyenne éduquée émerge avec des exigences politiques.

Avec davantage de portables qu'en Europe et Amérique réunies, les Africains payent le taxi et provoquent des révolutions politiques. Cette Afrique-là, elle ne parle plus le langage de l'aide au développement : d'ailleurs, les fonds que la diaspora envoie en Afrique sont deux fois supérieurs[166]. L'Afrique politique parle de plus en plus en son nom, comme l'Afrique du Sud qui, en janvier 2024, a porté plainte devant la Cour internationale de Justice contre Israël pour « génocide » à Gaza. Après tout, le continent africain représente près de 30 % des voix à l'ONU. Pendant longtemps, les résolutions sur l'Afrique étaient portées par la France qui y puisait un grand prestige.

La transformation est aussi culturelle : représentant l'industrie du film au Nigeria, Nollywood dépasse désormais Hollywood en termes de production et a fait du Nigeria la première

---

[166] « Examen régional africain de la mise en œuvre du Pacte mondial pour des migrations sûres, ordonnées et régulières », *Rapport 2021* de la Commission économique pour l'Afrique (CEA) des Nations unies.

économie d'Afrique en 2016. Et s'exporte : le chanteur Burna Boy a été en 2023 le premier Africain à jouer à guichets fermés dans un stade américain de 80 000 places.

Les options françaises

Face à la renaissance africaine, l'enjeu pour la France est existentiel. Elle a quatre options : d'abord, le statu quo qui passe par un repli sur les amis traditionnels comme la Côte d'Ivoire, le Cameroun, le Congo, dont les leaders sont néanmoins âgés et sans doute en fin de règne ; ensuite, une transition vers cette Afrique où on la connaît moins, comme l'Angola et le Nigeria, où ses intérêts stratégiques sont aussi importants, mais une telle manœuvre comporte des risques, à l'image de l'épisode de l'intervention militaire de la CEDEAO[167] au Niger avec un soutien français qu'on a fini par reprocher au Nigeria, alors président de l'institution régionale ; le retrait pur et simple d'Afrique pour privilégier l'Asie et l'Amérique latine est aussi une option, mais la France risque de faire face aux intérêts de la Chine, de l'Inde et de son allié américain ; enfin, elle peut s'abriter derrière Union européenne, une entité que les Africains connaissent peu, à condition que celle-ci privilégie une approche davantage économique (avec l'intéressant plan d'investissements, Global Gateway, par exemple) que migratoire et policière (avec Frontex).

Plutôt que ces mouvements tactiques aux effets limités, la France gagnerait, à la vérité, à changer de paradigme en quittant les vieux réflexes paternalistes à l'image des discours présidentiels successifs, dont le plus mémorable restera malheureusement celui de Dakar prononcé par Nicolas Sarkozy en 2008, pour entrer de plain-pied dans ce « siècle africain » où les Africains pourront enfin choisir leur destinée économique,

---

[167] Le sigle CEDEAO désigne la Communauté économique des États d'Afrique de l'Ouest.

sécuritaire, culturelle, dans un partenariat respectueux et juste avec la France.

Sur ces bases renouvelées, il sera alors possible pour la France de jouer, sur la scène internationale, cette partition de la troisième voie qui avait fait sa singularité et son rang jusqu'à en faire un porte-voix de la diversité culturelle dans le monde.

Conclusion :
« ça ira ! »

Washington D.C., juillet 2024

Au moment où s'achève ce livre, le président français Emmanuel Macron est à Washington où il participe à la célébration des 75 ans de l'OTAN. Néanmoins, c'est le contexte politique extraordinairement volatil, des deux côtés de l'Atlantique, qui occupe les esprits.

Aux États-Unis, le président Joe Biden est sous la pression du parti démocrate, dont certains membres lui demandent de se retirer de la course présidentielle en raison de problèmes cognitifs persistants. Dans quelques jours, un jeune de Pennsylvanie tentera d'assassiner son rival républicain, Donald Trump, qui bénéficiera alors d'une sympathie inédite avant que l'entrée dans la course de la vice-présidente Kamala Harris ne rebatte les cartes.

Du côté français, le président atterrit aux États-Unis après avoir fait parvenir une *Lettre aux Français* dans laquelle il leur indique, après avoir perdu l'élection européenne, dissous l'Assemblée nationale et été défait lors de l'élection législative anticipée qui a suivi, le tout en moins d'un mois, que la cohabitation annoncée avec l'opposition victorieuse de gauche est mise en doute puisque, selon lui, « personne n'a remporté l'élection » anticipée, ouvrant la voie à une situation politique inédite.

Cette conjonction d'événements inouïs aux États-Unis et en France, qui plongent le cœur du monde occidental dans une incertitude rarement vue, sur fond de guerre sur le sol européen, constitue un tournant. Aux défis du « décentrement » du monde s'ajoute, dans ces deux pays, la fragilisation économique de leurs classes moyennes avec pour conséquences la montée du populisme et une polarisation croissante des débats, alors que l'illibéralisme constitue une sérieuse menace portée par des mouvements nationalistes en verve — le trumpisme d'un côté et le Rassemblement national de l'autre. Plutôt que de répondre aux inégalités économiques, sociales, climatiques, sanitaires, l'accent a été de plus en plus mis sur la supposée insécurité culturelle d'une partie de la population.

Ces nationalistes rejoignent, sur la scène européenne, la Hongrie et la Russie avec qui ils ont en commun de contester les valeurs d'universalité et les fondements de l'État de droit. Car c'est ainsi que cela finit toujours : cibler la démocratie. Aux États-Unis, le mouvement MAGA s'appuie sur une Cour suprême à l'agenda réactionnaire et sur un « projet 2025 », programme de mille pages élaboré par la Heritage Foundation pour une gouvernance nationaliste alors qu'en France, l'essentiel du programme du Rassemblement national est tourné vers une préférence nationale ouvertement anticonstitutionnelle. Répétant *Make America Great Again* ou en français « c'était mieux avant », ces mouvements préconisent un retour en arrière.

Comme à l'accoutumée, ces tendances, qui sont d'abord apparues aux États-Unis, ont rapidement traversé l'Atlantique sous l'effet de la puissance des réseaux sociaux, des plateformes de streaming et de la convergence des moyens de communication. Si la France s'est prémunie des attaques anti-avortement en inscrivant rapidement ce droit dans sa Constitution dans la foulée du renversement de *Roe*, elle n'a pas pu, du fait de la présence sur son sol de la plus importante population immigrée d'Europe, échapper aux discours identitaires.

Il est encore possible d'imaginer un autre chemin qui redonne à la France un rang conforme à son extraordinaire singularité en commençant par une meilleure insertion de ces générations d'enfants d'immigrés dans une politique extérieure d'influence qui pourrait donner un avantage comparatif à la diplomatie française, à Beyrouth comme à Bamako. Quant aux dix millions de Français qui votent RN, le racisme dont certains d'entre eux se réclament désormais dans les enquêtes d'opinion, même s'il est alarmant, « n'est pas un fait de nature ni une essence individuelle immuable[168] », à condition de le prendre au sérieux en remédiant à leur fragilisation économique.

En attendant, comme aux moments essentiels de son histoire, c'est donc au peuple français que la France a dû son salut en ce mois de juillet 2024 lorsqu'au terme d'élections législatives anticipées et, à la surprise générale, il a massivement réactivé le vieux front républicain qu'on croyait mort, laissant les nationalistes qui s'étaient vus aux portes de Matignon à leur tribalisme. Comme si ce n'était pas assez clair, il a profité des Jeux olympiques pour dire qu'à ses yeux, la France est plus belle quand elle est diverse, et c'est cette irrésistible idée d'elle-même qu'elle veut projeter au reste du monde. La Révolution française, le patrimoine, la *French Tech*, la littérature, les femmes brillantes, la diversité : contrairement à d'autres qui utilisent les JO pour démontrer leur force, comme la Chine en 2008, la France, elle, s'inspirant de la puissance de son histoire et de la vitalité de son présent, a

[168] Félicien Faury, *Des électeurs ordinaires. Enquête sur la normalisation de l'extrême droite*, Le Seuil, 2024.

saisi cette occasion pour montrer qu'elle avait de la personnalité.

Quel que soit ce que l'avenir lui réserve, le puissant démenti français rappelle qu'il n'y a pas de fatalité aux populismes ni à « l'archipélisation » du pays et indique aux élites le chemin à suivre, celui d'une France réconciliée autour du drapeau national. Il ne sera pas dit que le peuple français n'aura pas tout tenté.

L'impératif d'unité nationale ne saurait en effet davantage être retardé. Rassemblé, le pays doit se retrousser les manches pour d'autres urgences : regagner son rang dans la nouvelle compétition mondiale, celle-là même qui a fragilisé ses classes populaires et moyennes. Cette reconquête passe d'abord par la reconstitution d'une base industrielle qui réduise la dépendance française vis-à-vis des chaînes d'approvisionnement asiatiques et mette fin au dogme d'une « industrie sans usine », donc sans emplois.

Après tout, les États-Unis n'hésitent pas à tourner le dos aux principes libéraux quand leur intérêt national est en jeu : quadruplement des droits de douane sur les véhicules électriques chinois, crédits d'impôt, taxes, dépenses publiques, prêts à la consommation, subventions aux entreprises, les lois Chips, BIL et IRA, toutes adoptées sous Biden, sont un condensé de mesures plus interventionnistes les unes que les autres !

Elles permettent d'injecter plus de 2 000 milliards de dollars dans l'économie américaine, favorisant l'ouverture de nouvelles usines partout dans le pays. Les États-Unis ont compris que, dans le contexte international d'aujourd'hui, la compétitivité est à la fois une préoccupation économique et de sécurité nationale, qu'il s'agisse des semi-conducteurs, des batteries ou des médicaments. Il faut aussi mettre la politique étrangère au service des classes moyennes.

L'Europe a fait le choix inverse. Plutôt que d'innover comme les États-Unis ou de renforcer son industrie manufacturière comme la Chine, elle a privilégié un « modèle normatif[169] » qui n'a pas réduit sa dépendance extérieure.

Quant à la France, la part de son industrie est passée de 24 à 10 % de son PIB depuis 1980[170]. Pour inverser la tendance, elle a pourtant des atouts à faire valoir dans l'innovation, comme le prouve la présence de talents français dans la Silicon Valley à l'instar de Jérôme Pesenti chez Meta, Patrice Simard à Microsoft, Nicolas Pinto chez Apple, Clément Farabet chez Nvidia, Luc Vincent à l'origine de Google Street View, ou encore Luc Julia qui a fondé Siri, une expérience à maximiser dans l'ingénierie, une audace à retrouver dans l'industrie. Pour cela, il n'est d'autre voie que celle de la planification stratégique. Elle passe par la revitalisation de la production manufacturière, le soutien aux grandes entreprises françaises, une relance de la commande publique, la réorganisation du service public de l'export. Quant aux secteurs à privilégier, l'analyse des marchés mondiaux permet de dire qu'il faut non seulement soutenir les secteurs en difficulté qui n'ont rien de démodé (raffinage, métallurgie, textile), mais également soutenir ceux où la France avait traditionnellement des atouts (aéronautique, industrie pharmaceutique, construction navale, automobile), tout en passant à l'offensive sur les industries du futur à main-d'œuvre qualifiée (qui sont aujourd'hui à Taïwan, en Corée du Sud et... en Californie) susceptibles de contribuer à la reconstitution d'unités de production, comme le développement des technologies des semi-conducteurs, l'informatique quantique, l'énergie de fusion et autres technologies propres.

---

[169] « L'Europe pourrait être engloutie dans la rivalité économique entre la Chine et les États-Unis », Marrie Charrel, *Le Monde*, 2 juin 2024.

[170] Rapport d'information du Sénat relatif à la stratégie industrielle de la France, 6 juin 2018.

Sur la scène internationale, cette stratégie requiert de trouver des partenaires susceptibles de soutenir ce nouvel effort économique comme le Nigeria, l'Afrique du Nord, le Qatar (pour le gaz), l'Indonésie, le Brésil, le Chili, l'Argentine, la République démocratique du Congo (pour les minerais stratégiques), le Mexique et le Vietnam (qui réexportent des produits chinois), l'Inde (pour certains produits manufacturés). Tous dans le Sud. En France, une ère nouvelle doit s'ouvrir : celle de la politique étrangère pour les classes moyennes. Ce sera le prix pour préserver sa démocratie et l'unité du pays.

Telles sont les leçons de l'Amérique.

Table des matières

Structures éditoriales du groupe L'Harmattan

L'Harmattan Italie
Via degli Artisti, 15
10124 Torino
harmattan.italia@gmail.com

L'Harmattan Hongrie
Kossuth l. u. 14-16.
1053 Budapest
harmattan@harmattan.hu

L'Harmattan Sénégal
10 VDN en face Mermoz
BP 45034 Dakar-Fann
senharmattan@gmail.com

L'Harmattan Cameroun
TSINGA/FECAFOOT
BP 11486 Yaoundé
inkoukam@gmail.com

L'Harmattan Burkina Faso
Achille Somé – tengnule@hotmail.fr

L'Harmattan Guinée
Almamya, rue KA 028 OKB Agency
BP 3470 Conakry
harmattanguinee@yahoo.fr

L'Harmattan RDC
185, avenue Nyangwe
Commune de Lingwala – Kinshasa
matangilamusadila@yahoo.fr

L'Harmattan Congo
219, avenue Nelson Mandela
BP 2874 Brazzaville
harmattan.congo@yahoo.fr

L'Harmattan Mali
ACI 2000 - Immeuble Mgr Jean Marie Cisse
Bureau 10
BP 145 Bamako-Mali
mali@harmattan.fr

L'Harmattan Togo
Djidjole – Lomé
Maison Amela
face EPP BATOME
ddamela@aol.com

L'Harmattan Côte d'Ivoire
Résidence Karl – Cité des Arts
Abidjan-Cocody
03 BP 1588 Abidjan
espace_harmattan.ci@hotmail.fr

Nos librairies en France

Librairie internationale
16, rue des Écoles
75005 Paris
librairie.internationale@harmattan.fr
01 40 46 79 11
www.librairieharmattan.com

Librairie des savoirs
21, rue des Écoles
75005 Paris
librairie.sh@harmattan.fr
01 46 34 13 71
www.librairieharmattansh.com

Librairie Le Lucernaire
53, rue Notre-Dame-des-Champs
75006 Paris
librairie@lucernaire.fr
01 42 22 67 13

Achevé d'imprimer par Corlet Numérique - 14110 Condé-sur-Noireau
N° d'Imprimeur : 185658 - Septembre 2024 - Imprimé en France